사막 교부들의 세계

무명 수도사들의 이야기와 금언

사막 교부들의 세계: 무명의 수도사들의 이야기와 금언
Stories and Sayings
from Anonymous Apophthegmata Patrum

초판 발행:1994년 12월 10일
개역 및 해설판 발행: 2018년 12월 10일
번역: 엄성옥
해설: 최대형
주소:서울시 강동구 성내로3길 16
전화:(031) 772-2102 | 팩스: 6007-11541
전자우편: esp4404@hotmail.com
홈페이지: http//www.eunsungpub.co.kr

ⓒ 1993년, 2018년 은성출판사

이 책에 관한 모든 권한은 은성출판사가 소유하고 있습니다.
따라서 사전 서면 허락없이 재편집, 재제작, 인용, 촬영, 녹음 등을 할 수 없습니다.

ISBN: 979-11-963287-8-8 93230
Printed in Korea.

STORIES AND SAYINGS

from

ANONYMOUS APOPHTHEGMATA PATRUM

사막 교부들의 세계

무명 수도사들의 이야기와 금언

엄성옥 번역
최대형 해설

이집트 사막의 수도원 지도

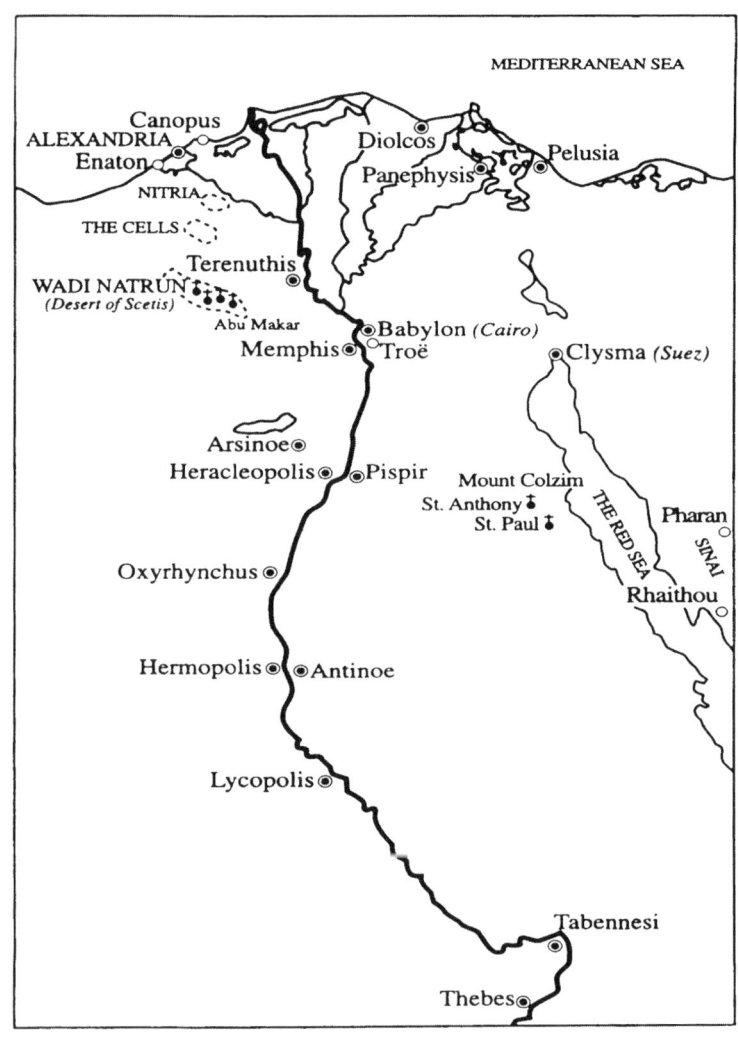

차례

이집트 사막의 수도원 지도 / 6
차례 / 7
서론 / 9
연대표 / 20
제1부: 다양한 이야기들과 금언들 / 23
   1. 스승과 제자 / 25
   2. 수도사들과 세상 / 57
   3. 여인들에 의해서 구원받은 수도사들 / 83
   4. 친형제들에 관한 이야기 / 93
   5. 단순함과 겸손에 관한 이야기들 / 99
   6. 회개, 악한 의지, 판단에 관한 이야기 / 107
   7. 수도사들, 마귀, 그리고 천사 / 117
   8. 사막에서의 죽음 / 133
   9. 이름 있는 수도사들의 금언 / 139

제2부: 무명으로 된 금언들 / 143
   10. 이름 없는 수도사들의 금언 / 145

제3부: 은수사에 관하여 / 177
   11. 은수사들에 관한 이야기 / 179

참고 문헌 / 191

서론

"어느 노인이 말했다. '예언자들은 책을 썼고, 그다음 세대의 사도들은 그것을 실천했다. 교부들 다음 세대의 사람들은 그것들을 암기했다. 지금 세대의 사람들은 그것들을 정서한 후 창문 쪽 의자 위에 놓고 전혀 사용하지 않는다.'"[1]

걱정하는 한 늙은 수도사에 의해서 묘사된 위의 "지금 세대"는 이미 1,500년 전에 사라졌습니다. 다행히 그들은 창문 쪽 의자에 놓아두었던 것들에 첨가하여 그들 자신의 책을 기록하기 시작했고, 그리하여 그 노인이 젊었을 때 가지고 있었던 수도 생활의 이상이 어떻게 변했는가를 회고해 보면서 했던 말들이 보존되었습

---

1) *Apophthegmata Patrum*, 『주제별 사막 교부들의 금언』(엄성옥 번역, 은성출판사), "분별" #96을 참조하라.

니다. 독자들이 볼 때 그의 논평은 마치 전에 어딘가에서 들은 적이 있는 말인 듯이 이상하게 친숙히, 그리고 장차 다시 선포될 예언처럼 들립니다. 이 말은 독자들에게 읽히는 순간 생명을 얻게 됩니다. 그 말은 처음에는 낯설게 느껴지지만, 이상하게도 추억에 잠기게 합니다. 고대의 원문을 번역하는 작업 덕택에 매우 다른 시대와 장소 사이에 이처럼 생생한 접촉이 가능하게 됩니다.

우리는 이 책에는 4~5세기에 사막에서 벌어진 수도원 운동과 1,500년 후의 독자라고 하는 시간적 차이가 있습니다. 사막 문헌의 재미와 가치에 대해서는 다른 사람들이 잘 묘사하고 있습니다.[2] 이 책 사막 교부들의 금언과 이야기의 역사적 배경보다는 그 원문 안에 베어져 있는 정신과 내용이 어떤 것이며, 오늘날 현대 독자에게 어떤 의미로 재현될 것인가에 중점을 두어야 하겠습니다.

번역된 이 책을 읽는 동안 독자들은 자칫 고대 기독교 원문이 기록된 때로부터 많은 세월이 흘렀다는 사실과 시대적 상황과 그들

---

2) 배경 정보를 더 얻으려면 『이집트 사막 수도원의 역사』(엄성옥 번역, 은성출판사)의 서론을 보라.

이 견지했던 가치관이 다르다는 점을 망각할 수도 있습니다. 왜냐하면 성경 말씀에 익숙한 우리는 사막 교부들의 금언과 이야기도 불변할 것으로 쉽게 생각해 버릴 수 있기 때문입니다.

모든 고전은 마찬가지로 그 속에 담긴 근본적인 가치를 찾아내야 합니다. 그렇지 않으면 옛날이야기에 불과합니다. 4세기의 사막의 수도사들의 금언과 이야기를 현대인에게 유용하도록 해석하기 위해서는 성경 말씀을 돋보기로 삼아서 봐야 합니다. 그렇게 되면 4세기 사막의 금언과 이야기가 선뜻 21세기의 우리에게로 건너올 수 있을 것입니다. 왜냐하면 그것들은 4세기 사막의 극한 상황과 주변의 정치, 경제, 문화, 철학, 종교 등의 환경에서 성경 말씀을 이해하고 실천한 바를 기록한 것이며, 21세기의 표면적인 상황과 환경은 그들과 다르지만 "인간의 근본 조건"(radical human conditions)은 다르지 않기 때문입니다.

이 번역본은 세 종류의 초기 수도사들의 금언과 이야기에 토대를 두고 있는데, 이것들은 10세기 또는 11세기의 그리스어 필사본 안에 수록된 여러 집록에 포함되어 있습니다. 그 필사본의 내용은 그것을 필사한 시대보다 훨씬 더 이전 시대의 것으로서, 그 기원은 이집트 수도사들의 금언과 전설을 기록하기 시작했던 5세기 초로 소급됩니다. 어느 수집가가 때맞추어 그 필사본을 입수했고, 자료에 수집자의 이름이 붙었습니다. 그것이 현재 파리국립박

물관에 소장된 집록(Fonds Coislin)[3]입니다. 이 책은 집록 126입니다. 이 집록은 총 353장으로 되어 있는데, 첫 장과 마지막 장이 손실되었고 남은 부분이 『사막 교부들의 금언』Apophthegmata Patrum입니다. 이 필사본을 집성한 사람은 수도사들의 비망록입니다. 오늘날의 편집 기준으로 보면 이 집성은 혼잡하고 실제로 여러 개의 다른 이야기로 구성되어 있습니다. 각기

---

3) 집록(Fonds Coislin, 프랑스어로 Le fonds Coislin)는 삐에르 세기에르(Pierre Séguier, 1588~1672)에 의해 수집된 그리스 문헌에 붙인 번호를 말한다. 삐에르 세기에르(1588~1672). 1635년부터 프랑스 국의 재상. 문예의 열렬한 수호가인 그는 당시 입수할 수 있던 (그리스어) 수사본을 수집했다. 1697년부터 1732년까지 Metz의 주교였던 H. C. du Cambout de Coislin은 Pierre Séguier의 증손자이며 이 주교에게 증조부의 도서관이 유전되었다. 주교는 Maurists 수도원의 학자 B. de Montfaucon에게 그 도서관의 도서 목록을 작성하도록 위탁해, 1715년에 Bibliotheca Coisliniana olim Seguieriana(Séguier에게서 물려받은 Coislin 도서)라는 이름으로 발표했다. 1735년 이 수사본들은 St.-Germaindes-Prés 대수도원의 소유가 되었다가 1794~1795년 겨울에 국립도서관으로 귀속되었다[네이버 지식백과 참조].

다른 시대에 원문을 필사한 이들은 자료를 체계화하여 보관하기보다는 모으는 일에 더 힘을 쏟았음이 분명합니다.

필사본에 관하여

필사본 서두에 다음과 같은 기록이 있습니다. 이는 필사본을 수집하고 편집한 사람의 기록입니다.

"많은 교부의 말씀이 너무나도 다양하고 체계화되지 않았으며 사람의 능력으로는 도저히 책 전체의 이곳저곳에 흩어져 있는 모든 이야기를 기억할 수 없으므로 독자들의 이해를 방해하고 있음을 보면서 우리는 수집한 이야기를 알파벳순으로 정리했다. 효과적이고 단순한 이 편집 방식 덕분에 유익을 얻을 수 있다. 그러므로 대 안토니, 아르세니오스, 아가톤 등 이름이 알파로 시작하는 교부들에 대해서는 알파 항목에서, 대 바질, 베싸리온과 베냐민 등은 베타 항목에서 찾을 수 있다. 이렇게 해서 오메가까지 이어진다. 그중에 이름 없는 노인들의 금언과 행위에 관한 기록은 따로 정리해서 알파벳 순으로 정리한 『금언』뒤에 두었다.
많은 책을 조사하고 찾아본 후, 나머지 부분은 모두 뒷부분에 편집해 놓았다. 그래서 그 모든 것에서 영혼에 유익함을 얻으면서, 꿀보다 더 달콤한 교부들의 교훈을 기뻐하고, 주님의 부르

심을 받은 우리가 그 교훈에 합당한 삶을 살면서, 주님의 나라에 이르게 될 것이다. 아멘."⁴⁾

필사본에 대한 이해는 매우 혼란스러워서 잘 성명할 수 없으니 이해해 주시기 바랍니다. 그러나 간단하게 설명하자면 교부 이름을 알파벳 순서로 나열한 것⁵⁾이 이 시리즈 중 『사막 교부들의 금언』이며, 주제별로 정리된 역본이 『사막 교부들의 금언』입니다. 그리고 나머지 분류가 되지 않는 부분이 바로 『사막 교부들의 세계』입니다.

필사본 자료가 깔끔하게 편집되고 보존되어 있지 않지만, 사막 교부들의 금언에 대한 신빙성과 교훈의 가치를 떨어뜨리지는 않을 것입니다.

---

4) PG 65:73-76.

5) 알파벳순으로 된 그리스어 본문은 미그네(Migne)의 *Patrologia Graeca* 65:71-440에 나온다. 미그네의 본문은 집록(Coislin) 126에 기초하지 않지만 비슷하다. 이것이 한국어로 번역된 『사막 교부들의 금언』(엄성옥 번역, 은성출판사)이다.

4세기에서 21세기까지

기독교 전승의 "원자료로 돌아가자"고 하는 오늘날의 구호는 고대 원문을 오늘의 시각으로 쉽게 읽을 것을 기대하는 사람에게 종종 좌절을 안겨줍니다. 1,500년이라는 세월, 그리고 다른 언어와 문화에 살았던 상황을 그대로 오늘날 우리에게 전달한다는 것은 불가능합니다. 아무리 잘 번역하고 자세히 설명하더라도 오늘날 독자가 읽고 이해하는 데 여전히 한계가 있기 때문입니다.

이 집록에 묘사된 세상 사람과 현대 독자 간에 작은 차이를 생각해 봅시다. 우리에게 너무나 흔한 아스피린이나 설탕에 대해 그들은 모르고 살았습니다. 그들은 안경도 의치도 몰랐으며, 감히 자동차로 여행한다는 것은 상상조차 못 했습니다. 컴퓨터는 당연히 없었으며, 글을 읽을 줄 아는 사람조차 매우 드물었습니다. 그때 성경책은 매우 비싸서 개인이 소장한다는 것은 불가능한 세상이었습니다. 우리들과 그들의 세상 관은 매우 달랐습니다. 그들이 아는 지구는 지중해로 둘러싸여 있는 평평했습니다. 그들에게 보이는 지중해가 바로 세상의 중심이었으며, 지구를 중심으로 태양과 모든 우주 천체가 회전하고 있다고 믿었습니다.

4세기의 수도원과 현대 수도원 간의 차이가 매우 큽니다. 이 책에서 보는 수도사들은 홀로 거처하면서 수도 생활을 하는 독수도자(독수도자; anchorite)이거나, 혹은 매우 느슨한 규칙으로 공동체 생활을 하는 산거(散居) 수도사들(반-독거 수도사; lavra)에 관한 기록입니다. 이 책에서 언급되는 엄격한 규칙 아래에 공동체 생활을 하는 공주共住 수도 생활(cenobite)에 관한 이야기가 나오지만, 그 역시 보편적인 생활은 아닙니다.

현대 수도사들은 공주수도 생활이 더 익숙하며, 세상과 접촉하는 기회가 더 자주 있습니다. 오늘날의 수도사는 교육을 받은 자들이며, 학문에 뛰어난 사람도 많습니다. 많은 활동을 위해 독거와 관상(觀想) 시간을 포기합니다. 그들의 철야와 금식에 비해 21세기적 철야와 신선한 음식과 함께 적당한 금식을 합니다. 아무리 엄격하다고 하지만 물리적 환경에 있어서 그들의 것과 비교가 안 됩니다. 순종과 겸손 등 전통 수도 생활의 덕목은 상징적이며, 그들에게 삶의 현장이었던 사막은 현대인들에게는 마음의 어떤 황량한 상태로 해석하고 이해하거나, 화려한 도시에서 좀 벗어난 곳으로 이해합니다.

4세기의 기준으로 본다면, 현대 수도사들은 수도자로서의 삶을 포기했거나 수도 정신이 부패했다고 할 정도일 것입니다. 그만큼 오늘날과 그들의 삶에 차이가 있다는 것입니다. 다시 말해서 이 책에서 기록된 이야기의 환경은 그만큼 다르며, 그로 인해서 문자적으로만 이해한다는 것은 어쩌면 거의 불가능할지도 모르겠습니다.

역설적으로 이 차이로 인해서 이 책이 모든 세대를 걸쳐 많이 읽혔으며, 앞으로도 그럴 것입니다. 그러나 기독교인으로서 신앙생활의 근본은 그때나 지금은 다를 바 없습니다. 1,500년의 시공(時空)을 넘어서 그들의 삶 가운데서 오늘날의 신앙생활의 근본이 되는 점을 찾을 수 있습니다. 그러나 바로 시공의 차이가 크다는 이유만으로 사막 교부들의 글이 오늘 우리에게 더 신선하게 느껴진다는 것은 아닙니다. 예를 들면 시공의 차이가 현대보다 더 가깝다고 해서 4세기의 것보다 더 매력 있게 읽히는 것은 아닙니다.

사막 교부들의 이야기와 금언의 힘은 격언이라는 특성, 또는 간결하면서도 경구적인 특성에 있습니다. 그들의 대화는 극히 단순해서 우리를 당황하게 만들기도 합니다. 금언은 합리와 복잡성을 부수어 단순화하고, 모호한 것을 분명하게 합니다.

한국어 번역에 관하여

이 책을 처음 한국어로 번역할 때만 해도 한국 개신교회에 사막의 교부와 그들의 영성에 관한 소개가 거의 없었으며, 번역할 때 적용할 한글 단어조차 채택하기 어려울 때였습니다. 가톨릭에서 사용하는 용어를 차용해 보기도 했지만, 어떤 단어는 역시 맞지 않는 옷과 같았습니다. 그들의 금언과 이야기의 경위를 이해하지 못한 관계로 직역도 했습니다.

그러던 중 두 차례 이집트 사막의 수도원들을 방문하여 며칠 동안 머물면서 그들의 문화와 수도 생활을 체험하면서 어렴풋이 4세기를 맛보았고, 수도사들과 많은 담화를 통해 그동안 해석되지 않았던 문장이 이해하기 시작했습니다.

그러던 중 정교회의 영적 지도서의 보고(寶庫)라는 『필로칼리아』를 번역하고, 한 차례 아토스(Athos) 성산 수도원 체험을 통해서 동방기독교 전통의 수도 관행, 즉 금식 등 수행 요소의 의미를 깨닫기 시작했습니다.

이제 『사막 교부들의 금언』에 이어서 『지혜』를 다시 번역하고, 지난날 제가 그랬듯이 지금도 "사막"에서 헤매고 있을지 모르는 독자를 위하여 저의 짧은 경험과 소견을 풋노트 형식으로 달았습니다. 이 작업 역시 귀중한 자료를 오염시키는 일이 아닌가 몇 차례 망설였지만, 끝내 용기를 내었습니다.

중세 스콜라 시대부터 현대에 이르기까지 기독교는 실천보다 사념적이며 학문적인 부분이 더 강하게 표출되는 듯합니다. 인간 사념이 조성한 신을 믿는다면, 생각이 멈출 때 신 또한 사라집니다. 말씀을 실천하는 것보다 탐구하는 것이 강하게 나타난다면,

인간 지식 기준에 따라 진리가 변화하게 될 것입니다.

그러나 초대 사막의 수도사들은 하나님을 생각하고 성경의 진리를 탐구하는 것이 아니라 삶 안에서 실제를 체험하고 말씀을 체현하는 것을 우선으로 하며 살았습니다. 말씀이 삶 속에 구현되었고, 그들의 삶 속에서 생동하게 하였습니다. 어느 시대보다 더 거친 광야를 사는 우리에게 초대 사막 수도사들의 정신이 더욱 절실합니다.

이 책을 읽는 동안 독자 여러분도 생동하는 말씀을 체험하시기를 기원합니다.

2018년 11월 저무는 달에
최대형

이집트 수도원 운동의 연대표

249-51	데시우스 황제에 의한 박해
251	대 안토니 탄생
292	파코미우스 탄생
300	피터, 알렉산드리아의 주교가 됨
303	박해 칙령
311	알렉산드리아 피터의 순교
320	파코미우스가 테베에 공동체를 세움
324	콘스탄틴이 유일한 황제가 됨
325	니케아 공의회
328	아타나시우스, 알렉산드리아의 대주교가 됨
330	니트리아의 아몬, 스케테의 이집트 사람 마카리우스
337	콘스탄틴이 기독교인으로서의 죽음을 맞이함
340	니트리아로부터 나온 켈즈 공동체 설립
346	파코미우스 사망
356	대 안토니 사망
357	아타나시우스가 『안토니의 생애』를 씀
370	가이사랴의 주교 바질 『규율들』을 씀
373	아타나시우스 사망
373-75	루피누스와 멜라니아가 이집트를 방문함
379	바질 사망
381	콘스탄티노플 공의회
389	나지안주스의 그레고리 사망

399-400	오리겐주의자들의 논쟁으로 인해서 이집트 수도원이 분열됨
407-08	야만족들에 의한 제1차 스케테 약탈
412	루피누스의 『이집트 수도사들의 역사』가 완성, 사망. 시릴이 알렉산드리아의 대주교가 됨
419-20	팔라디우스가 Lausiac History(『초대 사막 수도사들의 이야기』)를 집필
431	에베소 공의회
434	제2차 스케테 침략
444	알렉산드리아의 키릴 사망
451	칼케돈 공의회
455	반달족에 의한 로마 침략

(Apophthegmata는 이 5세기 기간에 기록, 수집, 이후에는 필사, 편집, 확대하는 과정이 시작된다.)

제1부

다양한 이야기들과 금언들

1.
스승과 제자

　사막에서의 근본적인 인간관계는 영적인 아버지와 수도원의 삶을 배우러 찾아온 젊은 제자의 관계이다. 사막에 온 사람 중에 특별한 가르침이 없이 수도 생활을 할 수 있을 정도로 준비된 자는 거의 없었다. 그러므로 수도 생활의 초보자에게 수도 생활에 대한 그의 취지를 발견할 수 있도록 마음을 살피고, 그에게 적절한 수도 생활을 가르쳐줄 스승이 필요했다. 또한 여기에는 중요한 신학적 진리가 있다. 즉 사랑에 기초하고 있는 스승과 제자의 관계는 구체적이면서도 깊이 있는 기독교의 근본 지혜를 드러낸다. 따라서 영적 스승은 교훈과 함께 실제의 삶을 보이면서 제자들을 양육한다. 『사막 교부들의 금언』은 영적 스승의 가르침에 대한 가치를 입증한다.

　이 책에는 수도사들의 이야기는 사부가 가르침뿐만 아니라 행동으로 본을 보여 주었다는 증거이다. 물론 스승의 교훈 한 마디를 수행하거나 삶을 모방하기 위해서는 제자의 절대적인 순종이 필요하다. 때로 그들의 순종은 극단적이거나 무의미해 보인다. 오늘날의 가치관으로 볼 때 사막의 수도 생활을 그대로 적용한다는 것은 무리가 되며, 그 뜻조차도 이해가 안 되는 부분도 많다. 그러나 이들의 스승에 절대 순종을 이야기하는 것은 우리에게 그대로 모방하라는 강요가 아니라 순종의 의미를 깊이 생각하게 하는 동기이다.

　이 이야기들은 물질에 대한 소유, 부모 형제들, 결혼과 성관계, 사회생활에 대한 금욕적인 포기 등 기본 조건 안에서 가르침과 순종을 말하고 있다. 이러한 포기는 수도 생활의 기초이다.

은수사들이든 공주 수도 생활의 장상이든 영적 아버지들은 참된 통찰력을 위하여 필요한 초월적인 삶을 견지하면서 제자들의 영적 싸움과 직접 관계하고 있었다. 이야기 IV에서 제자들의 눈을 뜨게 하려고 스승들은 스스로 어리석은 자같이 보이거나 약해 보이는 것도 서슴지 않았다. 이 영적 아버지들은 멀리 떨어진 곳에서 홀로 하나님의 계시를 받는 초연한 존재가 아니라, 곁에 함께 살면서 제자들이 항상 금욕을 사랑과 더불어 실천하게 했다.

I. (17)

세속을 떠나기를 원하는 수련 수사[1]가 있었는데, 노인을 찾아가

---

1) 수도사가 되는 데 몇 단계가 있다. 수도사가 되고자 하는 열망을 가졌다고 해서 금방 수도사가 되는 것은 아니다. 첫 단계로 수도사가 되고자 하는 사람이 청원하면 수도원장은 그를 일정 기간 수도원에 머물게 하면서 수도자로서 적합한 인물인지 일차적으로 살펴본다. 장상 및 수도사들이 그가 수도사로서 적합하다고 판단하면, 그는 이때부터 정식 수도사가 되기 위한 기초 훈련과 교육을 받는다. 이 단계의 수도자를 수련 수사(novice)라고 부른다. 정한 수

서 말했다. "수도사가 되고자 합니다." 노인이 "자네는 할 수 없네["라고 말했다. 청년이 "저는 할 수 있습니다"라며 간청하자 노인이 말했다. "진정으로 원한다면 그렇게 하라. 이 독거처[2]에서

련 기간이 끝나면 수도사가 되는데, 그 기간을 1~2년으로 정한다. 기한을 정하고 수도 생활을 한다고 하여 유기서원 수도사라고 부른다. 이때부터 정식 수도복을 입는다. 유기서원 기간이 거듭되면서 적절한 때에 오면 종신 수도사로 서원한다.

2) 4세기 독수도자가 거처하는 최소 단위의 공간, 즉 독거처를 셀(cell)을 헬라어로 켈리아(kellia)라고 한다. 나일강 하류 삼각주에 있는 니트리아(Nitria)에서 걸어서 한나절 되는 거리에 켈리아라고 불리는 곳이 있다. 이곳을 설립한 기록이 『사막 교부들의 금언』(엄성옥 번역, 은성출판사. 56쪽 "대 안토니" #34)에 기록되어 있다. 지금은 켈리아 수도원은 흔적만 남아있지만, 이곳에서 알렉산드리아의 마카리우스, 에바그리우스 폰티쿠스 등 사막의 영성 체계를 수립한 위대한 영적 스승이 많이 배출되었다. 당시 켈리아의 흔적을 살펴보니 한 사람이 거처하는 여러 기도처(cells)가 한 지역에 모여서 독거와 공동체 생활을 동시에 추구할 수 있는 구조였다. 그러나 한 셀에서 맘껏 소리 질러도 다른 사람에게 방해가 되지 않을 정도로 목을 두

지내라." 그 청년은 집으로 돌아가서 다른 것을 버리고 동전 백 개[3]만 남겨두고 노인에게로 돌아왔다. 노인이 말했다. "독거처에 가서 앉아 있어라." 청년이 독거처에 앉아 있는데 그의 생각들[4]이 속삭였다. "문이 낡았어. 고치고 싶어!" 청년은 노인에게 가

껍게 쌓았다. 이러한 셀은 모래(흙)를 물에 개서 말린 벽돌로 벽을 쌓아서 두 칸으로 세웠는데 하나는 침실, 또 하나는 손노동과 기도하는 공간이다. 바닥에 야자수 잎을 깔아놓고 그 위에서 일하거나 잠을 잤다.

3) 정념 중 탐욕(avarice)은 "돈을 사랑하는 것"을 말한다. 처음에는 사람이 재물을 소유하지만, 점차 재물이 사람을 소유한다. 유물 사상은 재물과 돈에 최고의 가치를 둔다. 이 정념 또는 귀신을 맘몬이라고 한다.

4) 청년이 독거처에서 맨 먼저 만난 것은 생각들이다. 생각들(thoughts)은 모든 동인이 된다. 헬라 철학 용어로 정념(passions)을 말한다. 보통 인간이라면 당연히 생각을 하게 되어 있다. 이것이 인간의 기본 옵션이다. 이 생각들에 의지가 결합하된 생각은 태도를 형성하고, 태도가 행동하게 한다. 이 생각은 마음의 작용인데, 이 생각을 마

서 말했다. "문이 낡아서 고쳐야겠다는 생각이 듭니다." 노인은 "세상을 버리지 못했구나, 가서 세상에 남겨둔 것을 모두 버리고 돌아오라"고 했다. 그는 세상으로 나가서 동전 아흔 개를 버리고 열 개를 남기고 돌아와서 사부에게 고하였다. "보십시오. 세상의 것을 버리고 왔습니다." 그러자 노인은 그에게 독거처로 돌아가라고 했다. 그가 독거처에 앉아있는 동안 또 생각들이 속삭였다. "지붕이 낡았어. 그것을 고치고 싶어." 그는 다시 노인에게 가서 말했다. "내 생각들이 낡은 지붕을 고치고 싶다고 합니다." "가라. 가서 세상의 것 나머지를 모두 버리고 오라"고 노인이 대답했다. 그는 다시 세상으로 나갔다. 이번에는 그에게 남은 동전 열 개 모두 버리고 돌아왔다. 노인은 그에게 다시 독거처에 들어가라고

귀가 사로잡아서 작용하면 악한 생각이 되어서 악행을 저지르고, 선한 영(하나님의 영)이 사로잡으면 선한 마음을 품고 선행을 실천한다고 믿었다. 인간의 원죄로 인하여 악한 영에 기울어지기 쉬우므로, 일반적으로 생각들(thoughts)이라고 하면 악한 생각, 즉 마귀가 사로잡은 생각들이라고 보아서 마귀(demons)와 동급으로 보았다. 그러므로 (악한) 생각들이란 마귀에 사로잡힌 자기 생각이며, 마귀와의 싸움이란 자기 생각과 싸움이다.

했다. 그러자 다른 생각들이 그에게 속삭였다. "여기에 있는 모든 것이 낡았어. 사자가 나를 잡아먹으려고 오고 있어." 청년이 노인에게 가서 그의 생각들을 말하자 노인은 대답하였다. "나는 내 위 있는 모든 것이 무너져 내리고, 사자가 나를 잡아먹어서 자유롭기를 바란다. 가라. 독거처로 가서 하나님께 기도하라."5)

---

5) 정념, 즉 자기 생각들과 싸움은 처절하다. 왜냐하면 싸움의 상대는 다름 아닌 자신이기 때문이다. 그러므로 인간의 힘으로는 이 싸움에서 이길 방도가 없다. 오직 하나님의 아들 예수 이름을 끊임없이 부르면서 자비하심을 구할 수밖에는 없다. 그리고 이 싸움의 장소는 이 세상이며, 수도사들에게는 기도하는 곳이 바로 전장이다. 그래서 이 세상은 바로 원형경기장(the Arena)이다. 우리는 목숨이 붙어 있는 동안, 우리가 존재하는 곳에서 이 싸움은 계속될 것이다. 그래서 우리는 쉬지 않고 예수 이름을 부르면서 그의 자비를 구하는 기도를 바칠 뿐이다.

II. (22)

교부들은 다음과 같은 이야기를 들려주셨다: "한 공주수도원[6]

---

6) 초대 이집트 사막 수도원에는 세 형태의 수도원이 있었다. 성 안토니(St. Anthony)처럼 혼자서 수도하는 독거수도원(anchorite) 형태; 상부 이집트 테베시의 파코미우스(St. Pachomius)가 처음으로 구성했던 한 집에 여러 명이 수도하는 공주(또는 회 수도원; cenobite)의 형태; 스케테에 있는 마카리우스(Macarius) 등이 실천했던 반-독거(semi-anchorite)의 형태이다.

파코미우스가 테벤나시(지금은 파우 키블리[pbow Kebley])에 설립한 공주수도원은 세 가지 형태로 나누었다. 하나는 같은 노동을 하도록 직업별로 구분한 최소 단위의 공동체를 집(casa)이라고 하고 40명이 거주한다. 3~4개의 집을 묶어서 한 부족(tribu)을 이루고 여러 개의 부족이 한 수도원(monatery)이 된다. 그리고 모든 수도원을 관리하는 본부가 파우 키블리에 있었는데, 지금은 쓰러진 기둥만 남아있다.

에 어떤 장상[7]이 있었다. 그런데 한 형제가 수도사의 일에 싫증[8]

---

7) 수도원의 장상은 수도원의 문을 관리하는 즉, 출입을 통제하는 일을 맡았다. 외부 사람이나 물품이 들어오고 나가는 것뿐만 아니라 특히 수도사들의 외출을 엄격히 제한했다. 그 이유는 "나태"(acedia)라는 정념에 시달리는 수도사가 정주(定住; stabilitas)하게 하는 데 목적이 있다. 나태는 인내와 정주로 다스려지기 때문이다.

8) 게으름 또는 나태(acedia)를 현대어로 번역하기 어렵다.
　여기서 나태는 해태(懈怠)에 해당한다. 해태의 원인은 혼침(昏沈)으로 보고 있다. 혼침이란 침묵 중에 조는 상태로서 어떠한 생각도 자극도 없는 멍한 상태로서 영적으로 갈등, 기쁨, 슬픔 등의 자극이 전혀 없는 상태이다. 이것이 심화하면 영혼이 게을러지고 마땅히 해야할 일에 싫증을 느끼게 된다. 이를 두고 해태라고 하며, 해태의 영혼은 다른 자극이나 기쁨을 추구하러 돌아다닌다.
　나태는 에바그리우스와 요한 카시안이 정의한 8정념 중 여섯 번째 정념에 해당한다. 이것을 가톨릭 교리에서 말하는 7죄종 중 게으름(sloth)에 해당한다. "그 주인이 대답하여 이르되 악하고 게으른 종아"(Thou wicked and slothful servant, 마 25:26).
　"나태"는 "슬픔"과 연합하여 모든 것에서 기쁨과 열정이 사라지게 하고, 인간으로서 가장 중요한 "하나님의 일"(Opus Dei)을 게을을 느껴서 수도원을 떠나 다른 곳으로 가버렸다. 노인[9]은 계속해서 그를 찾아가서 돌아오라고 말했지만, 말을 듣지 않았다. 장상은 3년 동안이나 그를 설득하여 수도원으로 돌아오게 했다. 장상은 그에게 돗자리를 만들기 위해 나가서 종려나무 가지를 모아 오라고 했다. 그 수련 수사가 종려나무 가지를 모으는 동안 사탄이 그의 한쪽 눈을 멀게 했다. 이를 본 노인이 놀라면서 왜 한 눈이 그렇게 되었느냐고 묻자 대답하였다. '전에 제가 사부님을 괴롭힌 것 때문에 이런 일이 일어났으니 이 일은 전적으로 제 잘못입니다.' 시간이 얼마 지나자 고통은 가셨다. 다시 노인은 그에게 종려나무 가지를 모아 오게 했다. 그가 가지를 줍고 있는데 사탄이 종려나무 가지를 튀어 오르게 하여 나머지 성한 눈마저 멀게 하였

리하게 하고, 끝내 하나님 아닌 것에서 기쁨과 보람을 찾는다.

이 이야기에서 나태(acedia)에 빠진 수도사는 수도 생활이 지루해지고, 이리저리 떠돌아다니게 되었다.

9) 여기서 노인(gerōn)은 나이와 상관없이 영적으로 높은 경지에 도달한 수도사로서 제자들에게 영적 지도를 하는 수도사를 일컫는다. 러시아 정교회의 스타레츠(staretz)에 비견된다.

다. 두 눈이 모두 멀게 된 그는 수도원에 머물면서 침묵하며 지내게 되었다. 죽음이 임박한 장상이 그 수도사들에게 가서 말했다. '이제 내 소명이 다했으니 내가 없더라도 자신을 보살피시오.' 수련 수사가 훌쩍거리면서 말했다. '아버지여, 우리를 두고 어디로 가시렵니까?' 장상은 이에 대해서 대답하지 않고 눈먼 그 제자에게 가서 자기 죽음이 임박했다고 말했다. 그러자 이 제자는 슬피 울면서 말했다. '눈먼 저를 두고 누구에게 가시렵니까?' 장상이 말했다. '하나님 앞에서 확신을 가지고 기도하시오. 왜냐하면 당신이 주일 집회(synaxis)를 인도하게 되는 것이 나의 희망이었기 때문입니다.' 노인이 죽은 지 얼마 안 되어서 그 수도사는 시력을 찾게 되었고 그 수도원의 장상이 되었다."[10]

---

10) 나태(acedia)를 극복하기 위해서 인내하여 서원을 바친 처음 수도원과 기도실을 떠나지 않고 정주(stabilitas)하는 것이다. 정주하지 않는 떠돌이 수도사의 삶을 부평초에 비유한다. 든든한 땅에 뿌리를 내리지 못하고 시류에 밀려 떠다니는 모습을 상상할 수 있다. 정주하지 못하는 것의 또 다른 비유로 자주 둥지를 비우는 어미 새에 비유한다. 어미 새가 배고픔을 인내하고 눈앞에 아른거리는 먹이들의 유혹을 물리침으로써 알이 부화하는 데 적절한 온

III. (27)

어떤 노인이 물을 길어 오라고 우물로 보냈다. 우물은 그들이 사는 오두막에서 매우 멀리 떨어진 곳에 있었다. 제자는 두레박을 가져가는 것을 잊었다. 우물에 도착해서 보니 두레박을 두고 온 것이다. 수도사가 기도를 드린 후 "우물아, 우물아, 나의 사부께서 '항아리에 가득 채우라'고 말씀하셨다"라고 큰소리로 외쳤다. 그러자 즉시 물이 솟아올라 와서 항아리를 가득 채운 후 다시 내려갔다.[11]

도를 유지한다. 그러나 인내심이 부족한 어미 새가 자주 둥지를 비움으로써 결국 알을 부화시키지 못한다. 또 과실나무는 한 번 옮겨심으면 뿌리가 정착하고 과일이 맺히는 데 수년이 걸린다.

이 이야기에서 나태라는 정념에 걸려 수도원을 떠난 제자를 불러들여 인내하면서 기도실에 정주하여 기도 생활을 하게 하려는 지극한 스승의 사랑을 발견할 수 있다.

11) 이 이야기의 배경을 살펴보면, 스승은 제자에게 기도실에서 멀리 떨어진 곳에 있는 우물에서 물을 길어 오라고 했고, 제자는 뜨거운 사막에서 매일 물을 길어 오는 것이 힘들겠지만 불평 없이

IV. (44)

한 제자를 데리고 있는 노인이 있었다. 그의 제자가 욕정에 시달릴 때마다 노인은 "아들아, 참아라. 그것은 마귀가 주는 것이다"라고 말하면서 그를 격려해 주었다. "사부님, 실제로 그러한 행동을 저에게 보이지 않는 한 저는 더는 참을 수 없습니다." 제자의 요구에 노인은 자기의 본심을 숨기고서 말했다. "나도 역시 욕정에 시달리고 있단다. 우리 함께 가서 여자와 잠을 자고 돌아오자." 노인은 동전을 가지고 제자와 함께 창녀가 있는 마을로 갔다. 마을에 도착하자 노인이 그에게 말했다. "여기서 기다렸다가 내가 여자에게 먼저 들어간 후 그다음에 네가 들어가도록 하라." 노인은 먼저 들어가서 창녀에게 돈을 주면서 제자가 범죄하지 않

그 명령을 따랐다. 그는 먼 사막길을 걸어왔는데 두레박을 두고 온 것을 알고 짜증 내지 않고 기도한 후 우물에 스승이 명하신 바대로 항아리에 물을 채워 달라고 부탁했다. 사부에게 순종한 그의 온유함이 우물도 순종하는 결과를 가져왔다. 순종은 관대함(gentleness)과 연합하여 허영(vainglory)과 교만(pride)을 물리친다. 한 사람의 진정한 순종에 만물도 동화된다는 일화이다.

게 해달라고 부탁했다. 창녀는 그의 제자를 타락시키지 않겠다고 약속했다. 노인은 돌아와서 제자를 여자에게 들여보냈다. 그가 들어가자 창녀는 그 젊은이에게 말했다. "손님, 잠시만 기다려 주세요. 왜냐하면 제가 죄인이기 때문에 우선 우리에게 부과된 벌을 받아야 합니다." 그러고 나서 그녀는 그에게 팔굽혀펴기를 50번 하라고 했다. 20번인가 30번인가 팔굽혀펴기를 하는 동안 그 젊은 수도사에게 통회하는 마음이 일어났다. "내가 이런 더러운 일을 하고자 생각하면서 어떻게 하나님께 기도를 드릴 수 있는가?" 이렇게 생각하고 죄를 짓지 않게 되었다. 노인의 수고를 보신 하나님께서 그 형제를 욕정에서 벗어나게 하셨고, 그들은 하나님께 영광을 돌리면서 그들의 수실로 돌아왔다.[12]

---

12) 식탐과 정욕과 탐욕은 대상이 있는 육신(corporeal)의 정념이다. 식탐(gluttony)이 과하여 육신에 에너지가 넘치면 그다음에 음란이 일어난다. 식탐은 배를 즐겁게 해 주는 것이고, 정욕은 이성과의 관계에서 오는 쾌락을 즐기는 것이다. 정욕은 불순(impurity) 관계를 형성한다.
   초대 독신 수도사들이 결혼한다는 것은 초심을 버리고 환속한다는 뜻이다. 처음 수도 생활을 시작할 때는 "모든 무거운 것과

얽매이기 쉬운"(히 12:1) 것들을 벗어 버리고 사막으로 들어갔을 것이다. 그러나 점차 나이가 들어가는 자신을 돌아보면서 늙었을 때 자신을 돌봐 줄 자식이 없음에 불안하여 결혼하고 환속하는 경우도 있을 것이며, 넘치는 정욕을 이기지 못해서 타락한 결과 자식을 갖게 된 경우도 있을 것이다. 독신으로 사막에서 살 것을 결심했을 때는 하나님과의 관계와 오롯이 기도 생활에 전념하겠다고 각오했던 그 초심이 변한 것이다.

4세기의 에바그리우스(Evagrius)는 음란이 발생하는 메커니즘을 설명하면서 음식을 과하게 취하거나, 섭취한 것보다 노동을 덜 해서 영양분이 몸에 축적된 데 원인이 있다고 했다(「필로칼리아」제1권 참조). 젊은 수도사들이 자연적 현상으로 몽정할 경우가 있다. 이 경우에 영적 지도자는 더욱 심한 금식과 노동과 철야기도를 명령했다. 이러한 절제 생활을 정욕의 치료제로 여겼다.

이 이야기는 정욕이라는 정념에 빠진 젊은 수사에게 지혜롭게 처신한 사부와 창녀의 이야기다. 수많은 남자를 경험한 그녀는 정욕의 메커니즘을 잘 알고 있었을 것이다. 젊은이의 몸에 과하게 축적된 정력을 소진하려고 팔굽혀펴기를 시켰다. 불과 20~30회도 못 채우고 에너지가 소진되었고, 그로 인해서 정욕에서 벗어난 수도사는 제정신을 차리게 되었고 회개하게 되었다.

V. (46)

한 교부가 말하기를, 테오폴리스(안디옥)의 어느 경건한 학자가 독수도자에게 와서 제자로 삼고 수도사가 되게 해 달라고 부탁했다. 그러자 노인이 그에게 말했다. "만일 내가 그대를 받아 주기를 진정으로 원한다면 주님의 명령대로 '소유를 팔아 가난한 자들에게 주시오'(마 19:21). 그리고 돌아오면 제자로 받아들이겠습니다." 그래서 그는 가서 노인의 명령대로 하고 돌아왔다. 노인은 그에게 또 다른 규칙을 명령했다. "준수해야 할 규칙을 주겠습니다. 말하지 마시오." 그 사람은 스승이 내린 규칙을 주의해서 실천했고 5년 동안 말하지 않았다. 사람들이 침묵하는 그를 칭찬했으며, 이를 안 노인이 그에게 명령했다. "이 수도원에 머무는 것이 유익하지 않으니 이집트에 있는 어떤 수도원으로 가시오." 그가 떠날 때 스승이 그에게 이제 말해도 좋다든지, 아니면 계속 말하지 말라든지 말해주지 않았다. 그래서 그는 사부가 내린 처음

지혜로운 늙은 사부 또한 젊었을 때 이렇게 정욕에 시달렸을 것이다. 정욕에 사로잡힌 젊은이를 나무라거나 부끄럽게 하지 않고 스스로 깨달을 때까지 인내하는 사부의 모습이 감동적이다.

명령을 계속 지키기 위해 전혀 말하지 않고 지냈다. 그를 받아들인 새 수도원의 원장은 그가 정말 벙어리인지 시험하기 위하여 강이 범람해서 도저히 건널 수 없는 곳에 가라고 했다. 그러면 돌아와서 "저는 강을 건널 수 없습니다"라고 말할 수밖에 없으리라고 생각했다. 수도원장은 강가에 도달했을 때 그의 행동을 지켜보게 하려고 몰래 다른 수도사를 보냈다. 그 수도사가 강에 도착해서 도저히 강을 건널 수 없음이 판단되자 강가에서 무릎을 꿇었다. 그러자 악어들이 그에게로 와서 그를 태우고 강 건너편으로 건네주었다. 심부름을 수행한 후 그가 강에 오자 악어가 다시 강을 건네주었다. 그를 미행하던 수도사가 이 모든 일을 수도원장과 형제들에게 전하자 모두가 놀라워했다.

얼마 후 말하지 않던 그 수도사가 죽었다. 수도원장은 그를 자기에게로 보낸 노인에게 사람을 보내서 "우리 수도원에 보낸 말 못 하는 수도사가 죽었습니다. 그는 하나님의 천사와 같았소"라는 소식을 전했다. 부음을 접한 그 노인은 "그는 말 못 하는 사람이 아니라 내가 처음에 내린 명령을 지키느라고 침묵한 것입니다"라고 대답했다. 이 말을 들은 모든 사람이 놀라워하면서 하나

님께 영광을 돌렸다.[13]

---

13) 수도사가 되고자 한 이 사람은 안디옥 학파의 학자이다. 그는 성경 말씀에 대해 해박한 지식을 가졌을 것이며, 일반적으로 다른 사람의 신앙을 나름대로 정리하고 평가하고 비평하는 데 익숙한 사람일 것이다. 그런 사람이 스스로 은둔 독거 노인을 찾아가 제자가 되고자 청했다. 아마 노인은 신학적 학식에 있어서 이 청원자를 감당할 수 없었을 것이다. 그러나 노인은 제자로 받아들이는 조건으로 그에게 소유를 팔아 가난한 사람에게 나누어 주고 돌아오라고 했다.

4~5세기 당시 두드러지게 대조를 이루는 두 학파가 있었다. 알렉산드리아 학파와 안디옥 학파였다. 알렉산드리아 학파는 헬라 철학의 영향을 받았으며, 성경을 유비적 관상적(theoria)으로 해석하는 경향이 있다. 이 학파는 요한복음의 조명과 빛의 영성, 합일의 영성을 강조했다.

또 하나는 안디옥 학파로서 셈족의 신앙을 추구했다. 즉 생명이시며 정(淨)한 마음에서 재창조의 역사를 체험하는 것을 강조했다. 그러므로 안디옥 학파는 말씀을 문자적으로 해석하여 그대로 실천하는 데 강조점을 둔다. 그래서 그는 스승이 될 노인의 명령대로 가진 재산을 모두 팔아서 가난한 사람들에게 나누어준 다음 그의 제자가 되었다.

스승인 노인이 제자에게 한 첫 명령은 "말하지 말라"는 것이었다. 그동안 말이나 글로써 신앙을 표현하는 데 길들어진 이 신학자에게 내린 명령은 적절했다.

침묵은 말하지 않는 것이 아니다. 듣기 위해 말을 멈추는 것이다. 말하는 동안 듣지 못하기 때문이다. 하나님은 이스라엘 민족에게 말을 "들으라"고 명하셨다: "이스라엘아 들으라 우리 하나님 여호와는 오직 유일한 여호와시니"(신 6:4).

20세기 침묵의 수도사 유스토스(Father Yustos al-Antouny; 1910~1976. 12.16)의 이야기가 있다. 그는 콜짐산 기슭에 자리잡고 있는 안토니 수도원의 수사였는데, 수도사가 된 이후 침묵 생활을 했다. 복잡한 사연을 가지고 그에게 와서 조언을 구하면 잠잠히 그 말을 듣다가 "감사하시오"(Thanks be to God), 또는 "지금 몇 시오?"(What time is it?)라는 말만 했다. 시간을 묻는 이유는 화자의 시간이 하나님의 때, 즉 카이로스인지를 묻기 위함이었다. 그에게 조언을 들은 사람들은 그의 침묵 가운데 들리는 주님의 음성을 들을 수 있었고, 그가 죽기 전에 많은 치유의 역사가 일어났다. 그의 유해가 지금도 안토니 수도원 성당에 안치되어 있다: "모든 육체가 여호와 앞에서 잠잠할 것은…"(슥 2:13).

VI. (53)

  종이었던 한 노인이 제자 한 사람과 함께 수도 생활을 하고 있었다. 제자에게 완전한 순종을 훈련하고자 명령했다. "가서 화덕을 뜨겁게 데우라. 그리고 예배 때 봉독했던 성경을 가지고 와서 화덕 안에 던져 넣어라." 제자는 나가서 "다른 생각"[14]을 하지 않고

---

14) "다른 생각"(second thought)으로 말미암아 인류에게 죄가 들어오게 되었다. 사탄이 아담에게 제일 먼저 한 일은 다른 생각을 하도록 한 것이다: "뱀은 여호와 하나님이 지으신 들짐승 중에 가장 간교하니라 뱀이 여자에게 물어 이르되 하나님이 참으로 너희에게 동산 모든 나무의 열매를 먹지 말라 하시더냐"(창 3:1). 이 질문은 다른 생각을 하도록 유인하려는 마귀의 간교한 유혹이다. 다른 한 가지 생각이 다른 생각들과 연합하여 증가하도록 설계되어 있다. 마귀는 넌지시 어떠한 경계심도 품지 않을 평범한 대화로부터 시작한다. 그 대화를 통해 다른 가치관을 제안하고, 제안한 것과 논쟁하면서 호기심을 부추기고, 호기심으로 인해 가치관을 흔들고, 그 후 마귀의 것에 동의하게 하고, 동의한 마음은 한 치의 거리낌 없이 악한 행동으로 이어지게 한다. 이것이 다른 생각이 낳는 결과이다. 그러므로 우리는 사악한 생각이 머리를 들지 못하

게 밟아서 상하게 해야 한다: "여자의 후손은 네 머리를 상하게 할 것이요"(창 3:15). 정교회 이콘에서 성 조지(St. George)가 백마를 타고 창으로 용의 머리를 찌르는 모습을 볼 수 있다.

　이 이야기에서 수도사가 되기 전 노인은 세상에서 종살이하는 동안 주인의 명령에 복종하는 것이 몸에 뱄을 것이다. 수도사가 된 후 주님의 종이 된 노인이 제자에게 진정한 순종을 가르치려고 한 이야기이다. 그의 제자는 한 가지 생각(the one thought), 즉 단순한 생각을 가졌다. 성경이 귀하고 고가이고 성경 자체를 거룩하게 여겼던 터라 성경을 불태우라는 명령은 절대 부당하다고 또 다른 생각(the second thought)할 수 있겠다. 불에 태우느니 차라리 팔아서 가난한 사람에게 주는 것이 낫다고 생각할 수도 있다. 아니면 성경을 불태우는 것이 불경한 일이므로 속으로 스승을 욕할 수도 있을 것이며, 태우는 척하고 훗날을 위해 일단 감추어 두려는 생각을 할 수도 있을 것이다. 마치 베다니 나환자 집에서 한 여인이 비싼 향유를 주님의 머리에 부었을 때(막 14:3-5), 다른 사람들의 반응과 같이 말이다.

　그러나 노인의 제자는 단순한 생각(simple mind), 즉 하나의 생각에 몰두했다. 두 가지 생각(duplication)은 불충(不忠)이다. 두 가지 생각은 분심(分心)이며 두 개로 갈라진 마음이다. 한 가지 생각, 하

명령대로 성경을 화덕 안에 던져 넣었다. 그 순간 화덕의 불이 꺼져버렸다. 순종은 천국으로 올라가는 사다리이므로 우리에게 유익한 것이다.

VII. (72)

아들을 데리고 세상을 떠나 공주 수도원에 와서 함께 수도 생활하는 사람이 있었다. 그를 시험해 보고자 수도원장이 "아들과 이야기를 나누지 말며, 남을 대하듯이 하라"고 명령하였다. 그는 "말씀대로 실천하겠습니다"라고 말한 후 오랫동안 아들과 말하지 않았다. 아들이 임종을 앞두게 되자 수도원장은 "가서 아들과 이야기를 나누시오"라고 했다. 그러자 그는 대답하였다. "처음 명령하셨을 때, 저는 끝까지 순종하며 지키기로 했습니다." 그의 아들이 죽었고, 그는 끝내 말하지 않았다. 그가 어떻게 명령을 순종하였고, 또 그 명령을 얼마나 큰 기쁨으로 지켰는지를 알게 된 모든

나의 눈(single eye; 마 6:22 참조), 단순하고 깨끗한 마음(purity of heart; 마 5:8 참조)으로 하나님을 본다.

사람은 참으로 놀라워했다.[15]

---

15) 공주수도원 제도를 창설한 파코미우스 규칙은 모든 수도사는 같은 대우를 하게 되어 있다. 어떤 지위에 있는 사람일지라도 특별 대우를 해서는 안 된다는 것이다. 파코미우스 역시 흑사병에 걸려서 죽을 때까지 병상에서 특별한 대우를 거절했다: "당시 페스트에 걸려 많은 수도사가 죽을 때였습니다. 어느 날 사부 파코미우스도 병(흑사병)에 걸렸지만, 전혀 내색하지 않고 형제들과 함께 추수하러 갔습니다. 형제들과 함께 곡식을 베다가 쓰러지자 고열 증세로 보아 흑사병에 걸린 것을 알게 되었습니다. 형제들은 파코미우스를 침대에 눕히려고 했지만 페스트를 앓고 있는 다른 사람들처럼 바닥에 누웠습니다. 제자 한 사람이 옆에 앉아서 두건으로 부채질을 해주었습니다. 그의 안부를 물으러 온 사람이 두건으로 부채질을 하는 형제에게 '부채가 없습니까?'라고 물었습니다. 병이 깊었던 파코미우스는 이 말을 듣고서 말할 기력이 없어서 손짓으로 '여기 있는 사람들 모두가 병든 것이 아닙니까? 환자들 모두에게 부채를 나누어준 후에 나에게도 부채를 가져다주세요'라고 했습니다. 파코미우스는 40일 동안 병든 형제들이 거하는 병동에서 지내면서 다른 형제들과 똑같이 간호를 받았습니다. 그가 전에 가르쳤던 대로 그는 다른 형제들과 조금도 다른

대접을 받지 않았습니다. 오랜 투병 생활 때문에 그의 몸은 매우 약해졌습니다. 그는 간호하고 있는 제자에게 '40일 동안 앓았더니 담요조차 무겁군요. 낡은 외투로 덮어주세요'라고 말했습니다. 그는 가볍고 좋은 외투를 가져왔습니다. 사부 파코미우스는 그 외투가 특별한 것임을 알고 화를 내면서 '당신은 매우 불공평한 행동을 했군요. 내가 후일 주님 앞에서 심판을 받을 때, 다른 형제들보다 더 편안하게 살았다는 말을 듣기를 원합니까? 그 외투를 가져가세요'라고 말했습니다. 제자는 다른 환자들이 덮은 것보다 더 낡은 외투를 사부에게 덮어주었습니다"(『파코미우스의 생애』 [엄성옥 역, 은성출판사] #117, #120 참조).

 이 이야기는 공주 수도원에서 아버지와 아들이 같이 생활하던 중에 일어난 일화이다. 아들을 향한 아버지의 사랑으로 인해 혹시 평등한 대우를 해야 하는 수도원 규칙에 어긋날까 염려한 장상은 그에게 아들과 이야기조차 하지 말고 남을 대하듯이 하라고 명령했다. 그의 아들이 임종을 맞이하게 되었다. 죽어가는 아들을 보는 아버지의 애끊는 심정을 안 장상은 아들과 마지막 작별 인사를 나누라고 허락해 주었지만, 공주 수도원의 규칙을 더 중히 여긴 그는 끝내 말없이 아들을 보냈다.

 세상에서나 교회 공동체 안에서 특별 대우를 못 받아서 안달하

VIII. (73)

한 노인이 스케테로 내려가고 있을 때 길에서 한 수도사를 만나 그와 동행하게 되었다. 그들이 서로 다른 곳으로 가서 기도해야 할 시간이 되자 노인이 그에게 말했다. "형제여, 우리 함께 식사합시다." 그날은 그 주간이 시작되는 첫째 날이며 이른 시간이었다. 노인이 제7일째 기도를 마치고 자리에서 일어나 형제에게 가서 말했다. "형제여, 우리가 함께 식사한 후 계속 굶었을 터이니 얼마나 배가 고프겠습니까?" 제자가 말하기를 "아니오, 저는 매일 먹었습니다"라고 했다. 노인이 "형제여, 나는 우리가 함께 먹자고 한 후 아무것도 먹지 않았습니다"라고 말하자 이 말을 들은 그 젊은 형제는 통회하고 그 노인에게서 큰 교화를 받았다.[16]

는 현대인에게 주는 교훈이다.

[16] 이 일화는 반-독거 수도원에서 있었던 이야기이다. 반-독거 수도원(lavra)에서는 주중(월~금)에 각자의 기도처에서 독거생활을 하다가 주말에 모(母) 수도원(mother monastery)에 모여서 애찬(agape)과 집회(synaxis)를 한 다음, 한 주일 동안 먹고 마실 것과 손노동

IX. (82)

위대한 한 노인의 제자는 음란한 생각으로 인해서 시험받았다. 그래서 그는 세상으로 나가서 결혼했다. 노인은 슬퍼하면서 하나님께 기도를 드렸다. "주 예수 그리스도시여, 주님의 제자가 타락하지 않게 해주십시오." 수도사가 여자와 만나는 순간 죽었고, 그래서 타락하지 않게 되었다.[17]

을 위한 재료를 가지고 각자 독거처로 간다. 한 주간의 첫날, 즉 월요일에 각자의 독거처로 돌아가기 위해서 헤어질 때 노인과 형제는 "함께 먹자"고 약속했다. 제자는 스승의 "함께"라는 말을 간과했지만, 스승은 형제를 만날 때까지 금식했다. 제자는 스승이 없을 때 "혼자서" 먹었고, 스승을 만났을 때는 "함께" 먹었다. 제자는 전혀 금식하지 않았다. 복음의 계명을 자신에게 편리하게 해석하고 적용하는 현대인들에게 주는 교훈이다.

17) 결혼은 죄가 아니다. 하나님이 주신 복이다. 그러나 수도사가 서원을 파기하고 환속(還俗)한다는 것은 다른 차원이다. 초대 교회의 신앙관에서 동정성(virginity)과 순교(martyrdom)를 제일로 여겼다. 동정녀 마리아의 태에서 하나님이 성육신하신 역사적인 사건과

같이 정신의 동정성 안에 매 순간 그리스도를 잉태한다는 보편적 성육신 개념의 신앙관이다. 동정녀 마리아의 삶을 모방하여 수도사들은 실제로 독신생활을 했다. 특히 수도사가 되기 위해서는 독신이 필수 조건이었다.

육신의 정욕, 즉 음란은 식탐(gluttony)과는 또 다른 육신의 쾌락을 추구하는 것이다. 4세기 초대 교부들은 이를 하나님을 즐거워하는 것보다 이성을 즐거워하는 것으로 보았다. 음란한 생각으로 인해 초심을 버리고 세상에 나가서 결혼하여 가정을 갖는다. 그 후에 "어찌하여야 아내를 기쁘게 할까"(고전 7:33) 하는 근심과 염려에 사로잡힌다. 이 근심과 염려로 인해 재물을 모아야 하며, 그 재물을 취하기 위해서 이웃과 경쟁해야 한다. 자신의 몸처럼 사랑해야 할 이웃이 경쟁자로 보기 시작한다.

이러한 메커니즘과 그의 제자의 성향에 대해서 잘 아는 노인은 세상에 나가 결혼하려는 제자를 위하여 하나님께 기도드렸다. 그 제자는 여인을 만나는 순간 그의 영혼이 떠나갔다. 그래서 "타락하지 않게 되었다"라고 이 이야기를 끝맺는다. 현대인들에게는 이해하기 어려운 이야기이지만, 하나님과의 서원을 목숨처럼 귀중히 여긴 그들의 태도는 본받아야 할 것이다.

X. (83)

악한 생각에 관한 질문에 대해서 "우리가 실제 행동을 삼가는 것처럼 욕망도 삼가기를 권합니다. 형제여, 우리는 땅의 먼지가 아닙니까?"라고 대답했다.[18]

---

18) 악한 생각은 악행의 동인(動因)이다. 사람의 내면에 도사리고 있는 악한 생각이 행위로 표출되는 것이 악행이다.

4세기 이집트 사막 교부들의 영성은 악한 생각을 스토아주의자들이 말하는바 정념(pathos)과 결부해서 정리했다. 특히 오리겐의 제자이며 켈리아의 수도사인 에바그리우스 폰티쿠스는 악한 생각을 8가지 정념으로 보아서 수덕훈련(praktikē)과 신비지식(gnostikē)의 체계를 잡았다. 에바그리우스는 악한 생각들 중 중심이 되는 것을 식탐과 탐욕과 교만을 꼽았다. 이 세 종류의 생각들을 따라 들어와서 작용하는 어떤 규칙을 발견했다. 식탐(gluttony)이 과하여 음란(fornication)이 나오고, 탐욕(avarice)에서 분냄(anger)과 슬픔(sadness)과 나태(sloth, acedia)가 연속적으로 발생한다. 앞의 여섯 가지 악한 생각들을 억누르면 억누를수록 반비례로 강하게 일어나는 것이 바로 허영(vainglory)이고, 허영이 악한 생각 중 정상의 자리를 차지하고 있는 교만(pride)을 낳는다.

이러한 악한 생각들을 다루기 위해서, 반대 순서로 악한 생각

XI. (85)

교부 한 사람이 말했다: "수도사들에게 찬양받는 세 가지는 즉 거룩한 신비와의 교제(koinonia), 형제들의 식탁(table), 그리고 형제의 발을 씻는 일(washing of the feet)입니다. 우리는 이를 두려움과 떨리는 마음으로 실천해야 합니다." 그는 다음과 같은 이야기를 본보기로 삼아 말해주었다: 분별력이 뛰어난 한 노인이 있었다. 많은 형제와 더불어 사는 그가 그들과 함께 식사하려고 식탁에 앉았을 때 그에게 성령이 임했다. 그에게 어떤 사람들은 꿀을, 어떤 사람들은 빵을, 또 어떤 사람들은 똥을 먹고 있는 것이 보였다. 그

과 반대되는 것으로 하라고 한다. 교만은 겸손으로, 허영은 주님의 좋은 군사 됨을 자랑하는 것으로, 나태는 인내로, 슬픔은 하나님을 기뻐함으로, 분냄은 자신의 죄에 대한 분노로, 탐욕은 말씀과 하늘나라에 대한 갈망으로, 음란은 신랑이신 주님을 사모함으로, 식탐은 금식으로 다룬다는 것이다.

노인이 인간을 땅의 먼지라고 말한다. 라틴어 흙(humus)에서 인간(human)이라는 단어가 파생되었다. 인간이 흙임을 아는 것이 겸손이다. 겸손은 교만의 치료제이다. "너는 흙이니 흙으로 돌아갈 것이니라"(창 3:19).

는 속으로 매우 놀라면서 "하나님, 저에게 이러한 신비를 알려 주소서. 식탁에 둘러앉아 있는 그들 앞에는 모두 같은 음식이 놓여 있는데 왜 그들이 각각 다른 음식, 곧 어떤 이들은 꿀을, 다른 이들은 빵을 또 다른 이들은 똥을 먹고 있는 것으로 보이는 것입니까?"라고 질문했다. 한 목소리가 위로부터 그에게 들려왔다. "꿀을 먹고 있는 자들은 두려움과 떨리는 마음과 영적인 기쁨을 가지고 식탁에 앉으며, 또 쉬지 않는 기도를 실천하는 자들이다. 그들의 기도는 향연이 되어 하나님 앞으로 올라가고 있다. 그러므로 그들은 꿀을 먹고 있는 것이다. 빵을 먹고 있는 자들은 하나님의 일에 참여하게 된 것을 감사하는 자들이다. 똥을 먹고 있는 자들은 불평하면서 '이것은 좋고 저것은 불쾌하다'라고 말하는 자들이다. 우리는 이처럼 판단하지 말아야 한다. 오직 하나님께 영광 돌리며 그분만 찬양함으로써 '너희가 먹든지 마시든지 무엇을 하든지 다 하나님의 영광을 위하여 하라'(고전 10:31)는 주님의 말씀이 이루어지게 해야 한다."[19]

---

19) 많은 제자와 함께 수도 생활을 하는 스승이 식사 시간에 차려진 같은 음식을 먹고 있는 수도사들을 볼 때 어떤 수도사는 꿀을, 어

떤 수도사는 빵을, 어떤 수도사는 똥을 먹고 있는 것으로 보였다. 음식을 먹는 자가 누구인가? 하나님은 외적(행위의 차원)인 모습은 똑같이 수도복을 입은 사람이지만 내적(존재의 차원)으로는 달라서 먹는 음식이 꿀, 일상적인 빵, 그리고 똥이 된다는 것을 교훈해 주셨다.

인간에게 음식을 주신 하나님의 본뜻은 생명이 있는 동안 심판의 날을 준비하고, 하나님을 영화롭게 하며, 그것을 주신 분과의 교제를 위하여 쉬지 않는 기도를 바치는 것이 아닐까. 이때 음식은 꿀처럼 달 것이다. 꿀은 음식의 진수, 넥타를 상징한다. 이러한 사람에게 식탐은 죄가 아니라 은혜이다. 세상에 사는 동안 인간의 생존 목적을 위한 것이기 때문이다.

두 번째 사람은 사명을 의무적으로 잘 수행하는 사람이다. 주어진 하나님의 일을 잘 수행하고, 장상이 명령하는 대로 순종하는 자이다. 이 사람이 먹는 음식은 상에 차려진 그대로의 빵이다. 이 사람에게 식탐은 죄가 아닐 것이지만 하나님의 목적에 아직 모자란다.

세 번째 사람은 소명을 자의적으로 분별하여 실천하는 자이다. 자신에게 좋은 계명은 취하고, 싫으면 계명과 자신의 서원을 버린 자이다. 하나님의 일을 취사선택하는 자리에 앉아 있고, 선과

악을 분별하는 자리에 앉아 있다. 이런 사람이 먹는 음식은 똥이다.

모든 음식은 목에서 넘어가는 순간 똥이 된다. 냄새나는 똥을 피부(가죽)로 감싸고 있는 존재를 인간으로 보는, 즉 인간을 취피대(臭皮袋)로 보는 불가(佛家)의 부정관(不淨觀)이 있다.

정말 세 번째 수도사에게는 그 음식이 똥이 될 뿐이다. 자신이나 세상이나 하나님을 영화롭게 하는 데 전혀 가치가 없는 것이다. 인간에게만 존재 목적이 있는 것이 아니라 모든 피조물에 존재 목적이 있다. 피조물을 우리 인간에게 위탁하신 하나님의 목적을 이루기 위해 우리가 먼저 피조된 목적대로의 존재가 되어야 할 것이다.

2.
수도사들과 세상

수도 생활을 흔히 세상을 포기하는 것이라고 한다. 이렇게 말하는 것도 과언이 아니지만, 정확하게 이 말은 다소의 오해가 있다. 불행하게도 수도 생활에 대한 문헌 자체에도 일반적으로 표현된 "세상을 혐오하는 자"로서의 수도사에 대한 설명은 잘못된 것이다. 사막이나 수도원에 들어가든지 서원을 통해 세상과 구별된 삶을 산다는 것은 단절된 생활을 말하는 것이 아니라 새로운 기회를 선택한 것이다. 그렇지만 어쨌든 전통적인 세상과 결별한다는 것은 사실이다.

이 장에서 나오는 이야기는 수도 생활을 결행함으로써 오는 긴장감을 말하고 있다. 어떤 이야기는 젊은 수도사가 영혼 구원을 위하여 수도 서원을 신실하도록 권고하고 있다. 그리고 세상에 사는 우리와 같은 일반 신자들에게 주는 특별한 교훈도 담겨 있다.

I. (9)

베싸리온 교부가 말했다: "한번은 아내와 아직 기독교인으로서 세례를 받지 못한 예비 신자인 딸이 하나 있는 한 남자가 세속을 떠났다. 그는 먼저 그의 소유를 세 몫으로 나눴다. 그 사이에 예비 신자인 그의 딸이 죽고 말았다. 그래서 그 아버지는 딸의 몫뿐만 아니라 그와 아내의 몫까지도 가난한 사람들에게 주어 버렸다. 그는 비기독교도로서 죽은 그의 딸을 위해 하나님께 쉬지 않고 탄원하였다. 어느 날 그가 기도하는 동안 '네 딸은 세례를 받았으므로 구원을 받았다'라는 소리가 들려왔다. 그러나 그는 그것을 믿지 않았다. 그러자 다시 소리가 들려왔다. '가서 무덤을 파서 시체가 있는지 없는지를 보라.' 무덤으로 가서 땅을 파보니 딸의 시체가 없었다. 왜냐하면 그녀는 신실한 자들 속으로 옮겨졌기 때문이다."

II. (18)

한 노인이 자비심이 많으며 수도사들과 세속인들을 함께 거느리고 있는 다른 노인에게 말했다. "심지가 불타는 동안 많은 사람을 비추고 있습니다."[1]

---

[1] 본래 의미로 신학자(Theologian)란 신비이신 하나님을 아는 지식(gnosis)을 가진 자를 말한다. 따라서 신학자는 전 존재로서 하나님을 설명하는 자이다. 정교회 전통에서 사도 요한이 첫 번째 신학자이며, 그 이후에는 이름 앞에 "신신학자"를 붙여서 부른다. 신학자

들은 물속의 스펀지처럼 모든 세포와 행동 하나하나에 "신성한 성품"을 품은 사람이다: "너희가 정욕 때문에 세상에서 썩어질 것을 피하여 신성한 성품에 참여하는 자가 되게 하려 하셨느니라"(벧후 1:4).

신학자들은 하나님의 신비를 인간의 이성으로 아는 것이 아니라, 성령의 조명으로써 알게 된다: "이를 네게 알게 한 이는 혈육이 아니요 하늘에 계신 내 아버지시니라"(마 16:17). 초대 헬라 교부들은 신학자가 되어가는 세 단계를 정화, 조명, 합일로 설명한다. 정화의 단계는 세례 및 회개의 단계, 조명의 단계는 성령의 역사 및 조명의 단계, 합일의 단계는 하나님의 친밀한 현존 의식 및 신비의 일치 단계이다.

4세기 사막의 수도사들은 수덕생활을 통해서 정욕($\epsilon\pi\iota\theta\upsilon\mu\iota\alpha$)을 정화했다. 수덕생활이란 세상을 떠나 수도원에서 생활해야 한다는 뜻은 아니다. 세상 속에서 보통 사람들로서 수덕생활을 하도록 설계된 것이 보통 신앙생활이다. 다시 말해서 신앙생활이란 보통 사람으로서의 수도 생활을 의미한다. 어디서 살든 신앙생활이란 세상의 썩어질 것을 추구하는 태도에서 돌이켜 예수의 좋은 군사가 되기 위한 훈련이다. 이 훈련은 성령의 도우심과 조명 없이는 불가능하다. 그래서 우리는 하나님의 일, 즉 성경 말씀을 읽고 기도하

III. (26)

외국에서 온 어떤 청년이 노인에게 "제 동료들에게로 돌아가고 싶습니다"라고 말했다. 노인이 말했다. "형제여, 이것을 아시오. 그 나라에서 여기로 올 때 형제의 길을 인도하신 하나님과 동행하였지만 돌아갈 때는 그분과 동행할 수 없을 것입니다."[2]

는 일에 전념해야 한다.

우리는 영적으로 정화된 분량대로 하나님의 형상(image)과 모양(likeness)으로 변화된다. 우리는 다볼산에서 주님의 얼굴이 "해같이 빛나며"(마 17:2) 변화하신 것처럼 변화된다. 이것이 등불 된 우리들이 세상을 비추는 빛이다: "너희는 세상의 빛이라"(마 5:14). 이 빛은 많은 사람에게 비치지만, 그 내면은 하나님의 사랑의 불로써 정념들을 불태워 소멸하고 있다.

2) "하나님께 약속한 것이 있으면 그 약속을 이행하는 데 지체하지 말아라. 하나님은 어리석은 자를 기뻐하지 않으신다. 네가 약속한 것을 속히 이행하라"(현대인의성경, 전 5:4).

IV. (37)

누군가가 다음의 이야기를 들려주었다: "매우 잘생긴 젊은 행정관이 있었다. 그는 제국의 관리로서 세금 걷는 일을 담당하고 있었다. 그의 친구 한 명이 그가 관할하고 있는 도시에 지도자로 있었는데, 그 친구의 아내는 젊고 예뻤다. 그 행정관이 그곳을 방문하자 그 친구는 아내와 함께 환대하였고, 그 집에 머물면서 같이 식사하기도 하였다. 그 행정관은 친구에게서 깊은 우정을 느꼈으며, 친구 부부와 다정한 시간을 보냈다. 그런데 그 친구의 아내가 이 행정관을 사모하게 되었다. 그러나 남편 친구는 이를 눈치 채지 못하였다. 자제심으로 인해서 그녀는 그것을 그에게 드러내지 못했고, 고통은 계속되었다. 관청의 복무 규정에 따라 그 행정관은 다른 지역으로 옮겨가자, 친구의 아내는 병이 나서 자리에 눕게 되었다. 남편이 의사를 데려와서 진찰하도록 했다. 자세히 진찰한 의사는 남편에게 말했다. '부인께서는 지금 육신의 병이 아니라 마음의 병을 앓고 있습니다.' 남편은 마음의 병이 도대체 어디에서 일어났는지 알려고 아내에게 간절한 마음으로 '당신이 괴로워하고 있는 일이 있다면 모두 다 이야기해 주시오'라고 말했다. 그녀는 얼굴을 붉히면서도 내심의 이야기를 털어놓으려 하지 않았다. 남편이 곁에 앉아서 계속 권하자 결국 그녀는 고백하

였다: '여보, 당신은 관대한 사람인 줄 믿어요. 사실은 얼마 전에 우리 집에 머문 젊은 행정관을 사모하게 되어서 지금 마음의 고통을 당하고 있는 것이랍니다.' 남편은 이 이야기를 듣고 아무 말도 하지 않았다. 며칠 후에 그 행정관이 찾아왔다. 그녀의 남편이 그를 영접하면서 '내 아내는 자네를 사모하고 있다네'라고 말해주었다. 이 말을 들은 그 행정관은 친구의 아내를 사랑하지 않았지만, 매우 슬퍼했다. 친구에게 깊이 우정 어린 말을 했다. '슬퍼하지 말게나. 하나님께서 도와주실 것이네.' 그러고 나서 행정관은 머리칼을 자르고 눈썹과 머리와 얼굴에 고약을 발랐다. 그러자 젊고 잘생긴 행정관은 늙고 볼썽사나운 모습으로 변했다. 머리에 터번을 두르고 친구 집을 방문했다. 친구의 아내는 누워 있었고, 남편이 곁에서 간호하고 있었다. 그 행정관은 친구 부부에게 잘린 머리카락과 험상궂은 얼굴을 보여주면서 말했다. '하나님께서 나를 이런 모습이 되게 하셨네.' 멋진 모습은 간 곳이 없고 보기 흉한 모습으로 변한 남편 친구를 보자 그녀는 깜짝 놀랐다. 이러한 행위를 보신 하나님께서는 그로 말미암아 고통당하던 그녀를 자유롭게 하셨다. 그녀는 그에 대한 연정에서 벗어나서 즉시 자리를 털고 일어났다. 행정관은 친구에게 말했다. '잘 보게나. 하나님께서 역사하심으로 자네 부인이 건강하게 되었네. 이제 자네 아내는 더는 이 얼굴을 볼 수 없을 것이네.' 이 이야기는 '사람이 친구

를 위하여 목숨을 버린다'(요 15:13)는 말씀과 '선으로 악을 이긴다'(롬 12:20)는 말씀을 행한 것이다."3)

---

3) 남녀가 결합하는 것은 본질에서 자연스러운 일이며 동정을 지키는 것은 초자연적인 일이다. 그러므로 육체의 동정을 서원한 자는 본성이 결합하기를 원하는 육신을 멀리해야 한다. 남자와 여자의 육체는 서로를 끌어당기는 힘이 있다.

사로프의 성 세라핌(Seraphim)은 경건한 생활을 하며 순결을 지키는 자를 불을 켜지 않은 양초에 비유했다. 그리고 이성과 자주 교제하는 자는 불을 켜 놓은 많은 양초 사이에 세워진 양초와 같다고 했다. 켜지지 않은 양초는 주위에 있는 촛불의 열기로 인하여 저절로 녹기 시작한다. 마찬가지로 이성과 자주 교제하는 사람의 심령은 반드시 연해지게 마련이다.

제롬(Jerome)은 로마에 있을 때 경건한 여인들과 자주 교제했는데, 그때는 마음이나 육체에 음란한 움직임을 전혀 느끼지 못했다. 그러나 제롬이 이집트 사막에 들어가서 침묵 중에 기도 생활을 시작할 때 로마에서 만났던 여인들의 모습이 뇌리에 떠오르기 시작했다. 금식, 갈증, 철야, 노동으로 인해 지친 늙은 몸이었지만 정욕만은 청년처럼 일어났다.

현대인들이 이성과 교제 없이 산다는 것은 현실적으로 불가능하다. 그러나 할 수 있는 한 성적인 자극은 피하는 게 좋다. 이 자극은 자신도 모르는 사이에 영혼 깊은 곳에 숨어 있으므로 평소에는 나타나지 않다가 정신이 고요해지면 서서히 모습이 드러난다. 그러므로 각자가 이성적 자극을 피하는 삶의 지혜가 필요하고, 교제의 대상이 되는 타인을 위해서 그러한 자극을 주지 않도록 조신(操身)하는 것이 필요하다.

세상의 풍조(風潮)와 자극을 피하고자 시토회의 트라피스트(Trappists)나 카르투지오(Ordo Carthusians)의 봉쇄 수도원들이 있다. 그리스 북부 아토스(Athos) 반도와 같이 특별한 지역을 지정해서 여성이 들어오지 못하게 하는 방법도 있다. 아토스에는 여자와 생활에 필요한 몇 종류의 동물, 즉 고양이와 염소와 닭을 제외하고 암컷은 들어가지 못한다. 그러나 활동 수도사들은 자주 세상과 이성들을 접촉할 수밖에 없다. 이때는 자기 스스로 조심해야 하지만, 상대를 위해서 얌전한 차림과 태도가 필요하다.

13세기의 성 프란시스를 사모하던 끝에 아씨시 성주의 딸 클라라도 출가하여 수녀원을 세우고 자매들과 함께 수도 생활을 했다. 평소에 프란시스를 흠모하던 클라라와 수녀들이 프란시스를 초빙하여 설교를 듣고자 했다. 초청받은 프란시스는 수녀들이 모여있는 강당에 들어와서는 주머니에 있던 재를 자신의 머리에 뿌리고

V. (38)

교부 중의 한 사람이 다음과 같은 이야기를 해주었다: "나라에

―――――――

"나 프란시스는 재입니다"라고 말한 후 나가버렸다고 한다.

리마의 성녀 로사 동정(Santa Rosa da Lima Vergin; 1586-1617)은 모태 미녀였다. 부모가 그 딸이 장미처럼 아름답다고 해서 로사라는 이름을 지어주었다. 로사는 어릴 때부터 하나님께 대한 사랑의 표현으로 소량의 물과 빵으로써 단식하였고, 그녀가 좋아했던 과일과 고기도 그때부터 먹지 않았다. 그리고 편안한 침대보다 판자에 돌가루와 유리 조각을 깔고 잠자며 고행을 했다. 그러나 많은 남자가 자신의 아름다움에 반해 시험에 빠지자 스스로 얼굴에 후추를 문질러 반점과 상처가 생기게 하고 머리를 잘라서 사람들에게 추하게 보이려고 했다. 그녀가 페루의 수호 성녀이다.

현대인들의 태도는 이와 반대이다. 자신의 인상을 남에게 좋고 강하게 심기 위하여 성적 매력을 이용한다. 이성을 다루는 심리학적인 기술이 발달하였고, 성적인 매력을 돋보이게 하는 성형이 보편화되었다. 반라의 옷을 입고 예배당 안으로 무제한 들어오고, 음란의 영에 미혹된 지도자들이 실족하는 일이 비일비재하다.

이 이야기의 지혜로운 친구처럼, 리마의 성녀 로사처럼 자신으로 인해 시험이 될 만한 것을 스스로 자제하는 지혜가 필요하다.

서 파견받은 한 행정관이 있었다. 그는 길에서 벌거벗은 채로 죽어 있는 한 가난한 남자를 발견했다. 불쌍하다는 생각이 든 그는 하인에게 "말을 끌고 먼저 가라"고 했다. 그리고 이 행정관은 가서 아마로 만든 자신의 외투를 벗어 죽은 사람에게 덮어 주고 길을 떠났다. 며칠 후에 그 행정관은 다시 공무를 수행하기 위해 파견받아 가던 중 말에서 떨어져 발이 부러지고 말았다. 하인이 주인을 데리고 집으로 와서 의사들을 불러 치료를 받게 하였다. 닷새가 지나자 부러진 발이 시커멓게 변하면서 썩어들어가고 있었다. 이를 본 의사들은 발을 절단하지 않으면 이 사람을 살릴 수 없다는 결론을 내렸다. 그러나 의사들은 이러한 사실을 감추고 행정관에게 '내일 다시 치료해 봅시다'라고만 말했다. 행정관이 하인을 불러서 의사들이 무슨 말을 하는지 듣고 오라고 했다. 의사들은 하인에게 말해 주었다.

'네 주인의 발은 점점 썩어들어가고 있고, 발을 절단하지 않으면 죽게 되네. 그래서 내일 아침에 하나님이 시키시는 대로 할 예정이야.'

하인은 울먹이면서 주인에게 의사들이 한 이야기를 그대로 아뢰었다. 이 말을 들은 그 행정관은 슬피 울었다. 그리고 너무 낙심되어서 잠을 잘 수 없었다. 한밤중에 희미한 양초의 불빛만 아물거리는데 닫힌 문을 통과해서 들어오는 사람이 있었다. 그 사람이

다가와서 물었다.
 '왜 울고 계십니까?'
 '내 발이 썩어 가고 있고 의사들이 내 발을 자르려고 하는데, 어찌 울지 않을 수 있겠습니까?'
 '내게 발을 보여 주시오.'
 발을 내밀자, 그 사람은 발에다 기름을 부으면서 말했다.
 '일어나 걸으시오.'
 '할 수 없습니다. 보시다시피 제 발은 부러져 있지 않습니까?'
 '저를 붙잡으시오.'
 그를 붙잡고 겨우 일어나서 절뚝거리며 걷기 시작했다. 그러자 그 사람은 다시 말했다.
 '아직도 불편하군요. 다시 자리에 누우시오.'
 그는 다시 그의 두 발에 기름을 부었다. 그리고 말했다.
 '이제 일어나 걸으시오.'
 그는 일어나서 바로 걷기 시작했다.
 '자리에 누워서 쉬도록 하시오.'
 그는 '긍휼히 여기는 자는 복이 있나니 긍휼히 여김을 받을 것임이요.'(마 5:7)라는 성경 말씀 중 긍휼에 관하여 대화를 나누었다. 그리고 나서 그가 행정관에게 말했다.
 '당신은 구원받았소.'

'이제 떠나시려는 것입니까?'

'당신은 건강을 얻게 된 것 외에 더 바라는 것이 있소?'

'당신이 누구인지 말씀해 주십시오.'

'보시오. 이 외투를 기억하겠소?'

'제 것이었습니다.'

'얼마 전 당신이 길가에서 덮어주었던 죽은 시신이 나였습니다. 하나님께서는 당신을 치료하라고 나를 보내셨습니다. 그러므로 이 모든 일을 하나님께 영광돌리시오.'

그리고 그는 들어왔던 문을 다시 통과하여 나갔다. 그리고 치유 받은 그 행정관은 모든 선의 근원이신 하나님께 영광을 돌렸다."

VI. (39)

팔레스타인에서 콘스탄티노플로 돌아가고 있는 어느 행정관이 두로 가까이에서 안내자도 없이 길을 가고 있는 한 장님을 만났다. 마부의 소리를 들은 그 장님은 길을 비켜서서 두 손을 내밀고 불쌍하고도 다 죽어가는 목소리로 행정관에게 자선을 구걸했다. 그가 불쌍하다는 생각은 하면서도 그냥 지나쳐 조금 가던 중 행정관은 마음에 측은한 생각이 가득 차게 되었다. 그는 길을 멈추고 주머니에서 동전 하나를 꺼내어 그에게 주었다. 그 행인은 그의 적선을 받고 "하나님께 맹세코 이 적선이 당신을 어려움에서 구해 줄 것을 믿습니다"라고 축복했다. 그 행정관은 이 축복을 진심으로 받아들였다.

그가 두로에 도착했다. 그리고 그곳에서 총독에게 자신들을 배에 태워 줄 것을 간청하고 있는 군인들을 만났다. 이 군인들은 자신들의 요구가 거절당하게 되자 이번에는 이 행정관에게 다가와서 총독에게 잘 말씀드려 승선할 수 있게 해 달라고 부탁했다. 그는 총독에게 가서 총독이 배려했을 역마에 대해서 감사한 후, 방금 군인들이 청탁한 바대로 간청을 드렸다. 그러자 총독은 친절한 목소리로 "행정관께서 군인들과 같이 승선하신다면 그렇게 해 드리겠소"라고 했다. 그 말을 들은 군인들이 행정관에게 같이 가자고 간청했다. 할 수 없이 행정관이 군인들과 같이 배를 타겠다고 하니 총독은 배를 내어 주었다.

마침 순풍이 불어와 순조로운 항해가 시작되었다. 밤중이 되자 행정관은 위통으로 자리에서 일어났다. 그가 배 난간에 기대어 섰을 때, 난데없이 장대비가 날아와 그를 내려쳐서 바다에 빠뜨렸다. 함께 있던 군인들은 사람이 물에 빠지는 소리를 들었지만 어두운 밤이었고 바람이 심하게 부는지라 빠진 사람을 건질 수 없었다. 그는 죽음을 기다리면서 물 위에 떠 있었다. 바로 그때였다. 하나님의 뜻에 따라 배 한 척이 지나가다가 물에 빠져 허우적거리는 그를 발견하고 구조하여 주었다. 다행히 그는 이 배를 타고 군인들의 여행 목적지에 도착할 수가 있었다.

한편 군인들은 목적지에 내리자 곧장 선술집으로 갔다. 행정관과 같은 배를 탄 군인 한 명이 슬픈 목소리로 "물에 빠진 그 행정관은 어떻게 되었을까?"라고 걱정했다. 곁에 있던 사람이 이 말을 듣고 물에 빠진 행정관이 어떻게 생긴 사람인가 물었다. 그 행정관에 관해 설명을 들어 보니 지난밤에 자신이 물에서 건져 준 사람이라는 것을 알게 되었다. 그래서 슬픔에 잠겨있는 군인들에게 지난밤에 일어났던 일을 말해 주었다. 그 사람이 "그 행정관이라는 사람은 우리와 함께 머물고 있소"라고 말했다. 군인들은 기뻐하면서 행정관이 머물고 있는 숙소로 갔다. 행정관은 지난밤에 물에 빠진 때로부터 구조될 때까지의 이야기를 그들에게 들려주었다. "내가 탈진되어 거의 죽게 되었을 때, 언젠가 길에서 구제해 주었던 거지 장님이 물위를 걸어와서 나를 구해 주었소." 이 말을 듣고 그들은 구세주와 하나님께 영광을 돌렸다.

이 이야기를 통해서 우리는 하나님이 우리가 베푼 자비를 필요한 때에 보상해 주시기 때문에 자비가 그냥 헛되이 사라지는 것이 아님을 알 수 있다. 그래서 성경에 "네 형제 중 곤란한 자와 궁핍한 자에게 네 손을 펼지니라"(신 15:11)고 했다.

VII. (47)

누군가가 이러한 이야기를 전해 주었다: "알렉산드리아에 한 부자가 있었다. 그 부자는 병이 들었다. 죽음을 두려워하던 그는 금화 30냥을 가난한 사람들에게 나누어 주었다. 다시 건강하게 되자 이 부자는 나누어 준 돈이 아까웠다. 그에게는 한 경건한 친구가 있었는데, 그 친구에게 '내가 한 일이 후회되네'라고 말했다. 그는 '아닐세. 그것은 그리스도께 드린 것이므로 오히려 기뻐해야 하네'라고 말했다. 경건한 친구의 충고를 듣고도 그 부자는 별 위로가 되지 못했다. 그를 본 그 친구가 말했다.

'여기에 금화 30냥이 있네. 성 므나스 교회에 가서 계명을 지킨 자는 자네가 아니라 구라고 말하면 돈을 주겠네.'

그 경건한 친구 역시 부자였다. 그래서 그는 교회로 가서 친구가 시킨 대로 말하고 금화를 가지게 되었다. 그들이 성당 문을 나오는데 갑자기 부자 친구가 죽어 버렸다. 이러한 사실을 전부 알게 된 사람들이 그 경건한 친구를 보고 말했다.

'이 돈은 당신의 것이니 도로 넣으시오.'

'아니요. 나는 하나님께 맹세코 이 돈을 갖지 않겠습니다. 왜냐하면 내가 이것을 그리스도에게 바쳤을 때 이미 그것은 그분의 것입니다. 그러니 가난한 사람들에게 나눠 주십시오.'

이 일을 알게 된 사람들은 두려워하면서 그 친구의 선행으로 인해서 하나님께 영광을 돌렸다."[4]

---

4) "탐욕에는 세 가지 형태가 있는데, 성경과 교부들은 그것들 모두를 정죄한다. 첫째 형태는 가난한 사람들을 부추겨 세상에서 자신에게 부족한 물건을 획득하여 저축하게 한다. 둘째 형태는 세상의 재물을 하나님께 바친 사람들이 그 일을 후회하면서 다시 재물을 찾게 한다. 세 번째 형태는 수도사가 처음부터 믿음과 열심에 부족하게 만들어서 세상의 물건들로부터 완전히 이탈하지 못하게 하며, 내면에 가난에 대한 두려움과 하나님의 섭리에 대한 불신을 일으키며, 그가 세상을 부인하면서 행한 약속을 파기하게 한다.

성경에서는 이 세 가지 형태의 탐욕을 본보기를 들어 정죄한다. 게하시는 과거에 소유하지 못했던 재물을 얻으려 했기 때문에 스승이 그에게 물려 주려 했던 예언의 은사를 받지 못했다. 그는 선지자의 저주를 받아 나을 수 없는 문둥병에 걸렸다(왕하 5:27 참조). 가룟 유다는 그리스도를 따르면서 버렸던 돈을 다시 취하려 했기 때문에 타락하여 선생을 배반했을 뿐만 아니라 사도들의 무리에서 축출되었고, 목을 매어 인생의 종지부를 찍었다(마 27:5 참조). 셋째, 아나니아와 삽비라는 자기들이 번 돈 중 일부를 숨겨 두었기 때문에 정죄를 받아 죽었다(행 5:1-10 참조). 신명기에서 모세는, 세상을 버

VIII. (48)

어떤 도시의 저울 보관소에 한 직원이 있었다. 그 도시에 사는 어떤 사람이 500냥 정도의 가치가 있는 바다표범 가죽을 이 직원에게 맡기면서 "이 물건을 맡아 두었다가 내가 필요할 때 조금씩 내어 주시오"라고 말하였다. 그가 그것을 직원에게 주었을 때 주위에는 아무도 없었다. 그런데 그 지방에 사는 한 유지가 지나가다 이 광경을 목격하였다. 그러나 그 저울 보관소의 직원은 이 유지가 지켜보고 있다는 것을 모르고 있었다. 며칠이 지났다. 그 가

리기로 약속했지만 믿음이 부족하여 두려움 때문에 세상의 재산을 그대로 보유하고 있는 사람들에게 간접적으로 다음과 같이 권면한다: '두려워서 마음이 허약한 자가 있느냐 그는 집으로 돌아갈지니 그의 형제들의 마음도 그의 마음과 같이 낙심될까 하노라'(신 20:8). 이만큼 분명하고 확실한 증언은 없을 것이다. 세상을 버리고 떠난 우리는 이러한 본보기들을 통해서 세상을 완전히 부인한 상태에서 전쟁에 나가야 하지 않을까? 우리는 사람들을 복음서에서 가르친 완전함에서 등을 돌리게 해서는 안 되며, 우리 자신의 연약함과 망설임 때문에 그들을 겁쟁이로 만들어서는 안 된다"(『필로칼리아』 제1권, 요한 카시안의 "탐욕에 관하여" 참조).

죽을 맡긴 사람이 찾아와 "지금 돈이 필요하니 일전에 맡긴 가죽 일부를 값으로 치러 주시오"라고 했다. 이 직원은 그가 가죽을 맡았을 때 주위에 아무도 없었다는 것을 알고 부인하며 말했다.

"내가 무얼 맡았다는 것이오?"

이 말을 듣자 가죽 주인은 너무나 당황하였다. 길거리에 나온 그 사람을 본 이 지방의 유지가 다가가서 "무슨 문제가 있는가?"라고 물었다. 그는 그 상황을 모두 이야기했다. 유지가 물었다.

"정말 그 사람에게 물건을 맡겼소?"

그가 그렇다고 대답하자 유지는 다시 말했다.

"나와 함께 성 안드레 교회로 가서 다시 한번 그곳에서 말할 수 있겠소? 그래야만 당신의 결백을 입증할 수 있을 것이오."

성 안드레 교회에는 감실이 있었다. 그가 저울 보관소 직원과 함께 성당에서 맹세시키려고 가고 있을 때, 유지는 먼저 하인을 데리고 성 안드레 교회로 갔다. 그리고 하인에게 "내가 오늘 무슨 짓을 하든지 놀라지 말고 조용히 있어라"라고 일러두었다.

교회 안으로 들어간 그는 옷을 벗고 미친 사람처럼 큰소리를 지르면서 마귀에 사로잡힌 자처럼 행동하기 시작했다. 마침 두 사람이 들어오자 그가 외치기 시작했다.

"성 안드레가 말씀하신다. 사람을 속여 500냥을 착취하고 그것도 부족해 이제 나까지 속이려 드는구나. 이 비열한 놈을 보라."

저울 보관소 직원은 기절초풍하였다. 유지는 계속 말했다.

"성 안드레가 그 남자에게 동전 500량을 돌려주라신다."

당황한 그 직원은 죄를 고백하면서 용서를 빌었다.

"내일 그 돈을 갚으면 안 되겠습니까?"

"안돼. 지금 당장 갖고 오너라."

그래서 그 직원은 당장 나가서 그 돈을 모두 가져왔다. 주님에 의해서 참으로 영감을 받게 된 그 유지는 말했다.

"성 안드레가 동전 여섯 개를 이 탁자 위에 놓으라고 명령했소."

돈 주인은 그것을 기꺼이 바쳤다. 그들이 떠나자 유지는 그의 옷을 다시 입고 정상적인 모습으로 돌아와서 습관대로 저울 보관소 근처로 산책을 갔다. 그를 보고 있던 직원은 그를 머리부터 발끝까지 유심히 바라보았다. 유지가 그에게 말했다.

"왜 나를 유심히 보는가, 친구여? 하나님의 은혜를 두고 맹세하건대 나는 귀신들렸던 것이 아님을 믿어라. 다만 그 사람이 자네에게 그 바다표범 가죽을 주었을 때, 나는 밖을 산책하고 있었고 그래서 그와 자네 사이의 이야기를 듣고 보았다. 만약 내가 자네에게 그것을 이야기한다고 하더라도 자네는 '한 사람의 증언을 믿을 사람은 없다'라고 이야기했을지도 모른다. 그래서 나는 이 연극을 꾸몄고, 자네는 영혼을 잃지 않게 되었지. 그리고 그 사람은 그의 것을 잃은 것으로 인한 억울한 고통을 당하지 않게 된 것이네."

IX. (50)

강으로 물을 길러 나간 한 형제가 옷을 빨고 있는 한 여인을 발견하고 그녀와 죄를 짓고 말았다. 죄를 지은 후에 그는 물을 길어서 자기의 수실로 갔다. 그를 발아래 짓밟은 마귀들은 그에게 속삭였다.

"이제 너는 어디로 갈 것이냐? 구원은 이미 너를 떠났다. 그런데도 세상을 포기하겠느냐?"

그 형제는 이러한 생각으로 고통스러웠다. 마귀들이 완전히 파멸시키려는 것을 안 그 형제는 자신에게 말했다.

"너는 왜 나를 따라다니며 자신에 대한 절망감으로 고통당하게 하는 것인가? 나는 죄를 짓지 않았어. 다시 말하지만 나는 죄를 짓지 않았단 말이야."

그리고 그 형제는 방에서 나가서 예전처럼 은수자의 삶을 추구했다. 어느 날 주님은 가까이에 사는 한 노인에게 타락했다가 후에 죄를 깨닫고 마귀에게 승리한 이 형제에 대해서 계시하셨다. 노인은 그 형제를 찾아가서 "어떻게 지내고 있는가?"라고 안부를 물었다. 형제가 "사부님, 잘 지내고 있습니다"라고 대답하자 사부가 다시 물었다. "그런데 자네는 요즘 어떤 일로 인해서 고통당하지 않았는가?" 그는 아무 일도 없었다고 대답했다. 이에 노인은 "하나님께서 자네가 죄를 지었으나 다시 승리하게 되었음을 계시해 주셨네"라고 말했다. 그제야 그 형제는 그동안 일어났던 일을 모두 고했다. 사부는 형제를 쳐다보며 "형제여, 자네의 분별이 참으로 대적의 힘을 물리쳤구나"라고 말했다.[5]

---

5) "낙담의 마귀는 영혼의 영적 관상 능력을 흐리게 하고, 선한 일을 하지 못하게 한다. 이 마귀는 우리의 영혼을 사로잡아 완전히 어둡게 만들고, 기쁜 마음으로 기도하지 못하게 하고, 꾸준히 성경을 읽어 유익을 얻지 못하게 하고, 형제들을 온유하고 긍휼히 대하지 못하게 한다. 그는 온갖 종류의 일에 대한 미움, 심지어 수도 서원 자체에 대한 미움을 주입한다. 그는 영혼의 유익한 결단을 손상하고, 인내와 끈기를 약하게 만들며, 영혼을 무감각하고 마비되게 하고, 낙심되는 생각들의 속박을 받게 합니다"(『필로칼리아』 제1권, 요한 카시안의 "낙담에 관하여" 참조).

마귀는 연약한 인간을 유혹하여 시험에 빠지게 하고 죄를 짓게 한다. 그런 다음에 두 번째로 낙담이라는 정념이 등장한다. 정념은

X. (51)

세속을 떠나려고 하는 한 젊은이가 있었는데, 집을 나설 때마다 복잡한 생각으로 혼란스러워했으며 세속의 일에 휩싸이게 되었다. 왜냐하면 그는 부자였기 때문이다. 그가 떠나려고 하던 어느 날, 그러한 생각들이 그를 사로잡고 다시 돌아오게 하려고 큰 회오리 먼지바람을 일으켰다. 그는 갑자기 이리저리 바람에 휘날리게 되었고, 입고 있던 옷이 벗겨져 벌거벗은 몸이 되어 버렸다. 그는 그러한 모습으로 수도원을 향하여 달려갔다. 주님은 한 노인에게 "일어나 나의 경주자를 맞이하라"고 계시하셨다. 노인은 자리에서 일어나 그를 만났고, 그에 관한 일을 알게 되었다. 그 노인은 이 일로 감탄하면서 그에게 수도복을 내주었다. 그 후 사람들이 노인에게 와서 잡념을 떨쳐 버리는 일로 상담하거나 세상일을 버

모두 "~을 하라"고 부추기는 것에 반해 낙담이라는 정념은 심한 죄책감으로 몰아붙이면서 "하나님의 일을 하지 말라"고 한다. 결국 완전한 파멸의 길로 몰아가려는 마귀의 계략이다. 이 이야기에서 낙담이라는 정념에 대항하는 지혜롭고 용감한 형제로부터 교훈을 얻을 수 있다.

리는 방법에 관하여 물어볼 때마다 그의 대답은 항상 "저 형제에게 물어보라"는 것이었다.

XI. (67)

한 노인이 말했다: "여러 해 동안 하나님을 섬기면서 사막에서 생활하고 있는 한 노인이 있었다. 그는 늘 '주님, 어떻게 하면 주님을 기쁘시게 할 수 있는지 알게 해주십시오'라고 했다. 어느 날 천사가 나타나 그 노인에게 말했다. '그대는 아직 어느 곳에 사는 농부만큼도 되지 못했어.' 노인은 그 말을 듣고 놀랐다. 그리고 혼잣말을 했다. '천사가 말해 준 그곳으로 가서 그 사람을 만나 보고 그가 하는 것과 나를 비교해 봐야겠군.' 노인은 천사가 말해 준 그곳으로 갔다. 천사가 일러 준 그 농부는 자신이 가꾼 농작물을 팔고 있었다. 노인은 온종일 그 사람 곁에 서 있었다. 그 농부가 자리를 걷고 일어나 가려고 하자, 노인은 그에게 말했다.

'형제여, 오늘 밤 나를 당신의 집으로 데려가 주지 않겠소?'

농부는 기뻐하며 그 노인을 자신의 집으로 맞이했다. 정성스럽게 음식을 준비하고 있는 농부에게 노인은 '형제여, 당신이 살아가는 방식을 내게 말씀해 줄 수 있겠소?'라고 물었다. 농부는 처음에는 자신의 삶에 대해 말하기를 꺼렸다. 노인이 끈질기게 조르자 할 수 없이 자신의 생활에 관해 이야기하였다: '저는 항상 저녁 늦게 식사 준비를 합니다. 식사는 내게 필요한 만큼만 먹고 나머지는 모두 궁핍한 사람에게 나눠 줍니다. 제가 하나님의 종들을 맞은 것처럼 음식을 그들에게 나누어 주는 것입니다. 그리고 아침에는 일찍 일어나서 자리에 앉아 일을 시작하기 전에 "이 도시의 가장 높은 분들로부터 가장 낮은 자들까지 의를 행하여 하나님 나라에 들어가겠지만, 나만은 내 죄로 인하여 형벌을 받게 될 것이다"라고 말합니다. 그리고 잠자리에 들 저녁 시간이 되면 이 말들을 다시 합니다.'

이 말을 들은 노인은 '이런 정도는 선한 것이지만, 내가 요즈음 몇 년 동안 해온 고행에 비하면 아무것도 아니야'라고 속으로 말했다. 그들이 음식이 되기를 기다리는 동안 밖에서 사람들이 유행가를 부르는 소리가 들려왔다. 이 농부가 사는 집은 많은 사람이 모여 사는 곳이었다. 노인은 다시 농부에게 '형제여, 당신은 하나님의 뜻대로 살아가기를 원한다면서 어떻게 이런 곳에 살고 있소? 저런 유행가 소리를 듣는 것이 시끄럽지 않소?'라고 물었다. 농부가 대답하기를 '아버지여, 저는 그 노래들로 인해서 고통스럽거나 나쁘다고 생각하지 않습니다'라고 말했다. 노인이 다시 물었다. '그렇다면 그 노래를 들으면 마음속에 무슨 생각이 일어납니까?' 농부는 '그들은 지금 하나님 나라로 들어가고 있다는 생각이 듭니다'라고 대답했다. 이 말을 들은 노인은 감탄하면서 '이 일은 몇 년 동안 내가 해온 고행보다 더 훌륭한 것이군"이라고 속으로 생각하면서 농부에게 말하였다. '형제여, 나를 용서하시오. 나는 아직도 그런 수준에 이르지 못했소.' 그 노인은 식사도 하지 않은 채 다시 사막으로 돌아갔다."

3.
여인들에 의해서 구원받은 수도사들

사막에서 수도 생활을 했던 여성의 삶에 대해 보존되고 있는 자료는 매우 희귀하다. 수녀원은 있었지만, 그 수는 매우 적었다고 한다. 그러나 전해지는 자료 대부분은 남자 수도사와 사부들과 그들의 제자에 관한 것뿐이다. 다행히도 수도 생활을 하는 여성은 『사막 교부들의 금언』과 연관된 이야기가 남자 수도사에게처럼 자신들에게도 영감을 주는 것임을 알았다. 그러나 여기에서 문제가 되는 점은 사막의 수도사가 여성을 바라보는 관점이다.

독신 생활은 수도 생활을 가능하게 하며, 세속을 포기하는 금욕적 삶의 한 방식이다. 독신 생활을 결단하고자 하는 수도사에게는 그러한 생활로 인한 내적 어려움 때문에 직접적인 영적 목표보다는 오히려 성적 행동을 절제하는 것으로 보이게 함으로써 보상을 추구하려는 유혹이 강했다. 사막의 수도사들은 그러한 유혹을 직면하고 극복하는 방법을 개발했으며, 이러한 방법을 제자에게 가르쳤다. 비록 좋은 방법은 아니지만, 음란의 유혹을 이기기 위해서 결혼과 이성을 거부하고, 여성을 마귀의 공범자로 여기고, 욕정에 대한 비난을 그들에게 전가했다(사막의 교모들의 금언과 일화에서도 같은 어려움을 다루는 방법은 거의 거론하지 않는다).

이 장에서 음란의 유혹을 받은 수도사가 거기서 벗어나도록 돕는 역할을 여인들이 한 이야기가 전개된다. 여인들은 남자 수도사가 자기 인식을 하도록 돕고, 수도사로서의 서원을 지키고, 음란의 영에 굴복하지 않도록 용기를 북돋운 세 개의 이야기가 있다. 여기서 수도사와 여성의 관계가 반드시 위험한 것이 아니라 창조적이고 영적으로 성숙하도록 하는 동기가 될 수 있음을 말해주고 있다.

I. (49)

수도원장의 심부름을 하게 된 한 형제가 물가에 도착해서 빨래하고 있는 한 여자를 만났다. 욕망을 이기지 못한 그는 그녀에게 동침하자고 요구했다. 그녀는 그에게 "당신의 부탁을 들어 드리는 것은 쉬운 일입니다. 그러나 그렇게 한다면 저는 당신에게 큰 고통의 원인이 될 것입니다"라고 말했다. 그 형제가 그게 무슨 소리냐고 물었더니 그 여자는 대답했다. "나와 동침한 후에 양심은 당신을 고통스럽게 할 것이며, 그러면 당신은 자신을 포기하거나 지금의 상태로 돌아가기 위해서 대단한 노력을 해야 할 것입니다. 그러므로 그러한 고통을 겪게 되기 전에 평안히 당신의 길을 가십시오." 그녀의 말을 들은 형제는 정신을 차리고 회개하게 되었고, 하나님과 그녀의 지혜에 감사했다. 그 형제는 수도원장에게 가서 그에게 일어났던 일을 이야기했다. 수도원장 역시 감탄했다. 그리고 그 형제는 여생 동안 수도원에서 절대 나가지 않겠다고 서원하

고, 정말 죽을 때까지 수도원 밖을 나가지 않았다.[1]

II. (52)

누군가가 이런 이야기를 했다: "공동생활하는 한 형제가 그 공동체를 위해서 종종 심부름을 하러 갔다. 어떤 마을에 한 경건한 신자가 있었는데, 그를 언제나 친절히 대해 주었다. 이 신자에게는 결혼 2년 후인 최근에 과부가 된 딸이 있었다. 그 형제는 그 집을 방문할 때마다 과부가 된 딸을 보고 욕정에 시달렸다. 명석한 그녀는 이러한 사실을 알게 되었고, 그래서 젊은 형제가 오면 눈에 띄지 않으려 했다. 어느 날 그녀의 아버지가 일이 있어서 가까운 마을로 가고 그 여인 혼자 집을 보고 있었다. 그 형제는 늘 하던 대로 그 집을 방문했는데 그 여인 혼자 있는 것을 알게 되었다. 형제가 물었다. '아버지는 어디에 가셨소?' 여인이 '이웃 마을에 가셨어요' 라고 말했다. 그 형제는 욕정이 일어나서, 그 여인과 서

---

[1] 자신으로 인하여 다른 사람에게 시험이 될 행동과 처신을 하지 않는 것이 환대이자 보살핌이다.

둘러 동침하고 싶어졌다. 이를 눈치챈 여인은 '급할 것 없습니다. 아버님은 금방 돌아오시지 않을 것입니다. 여기에는 우리 둘밖에 없습니다. 내가 알기로 수도사는 기도하지 않고는 어떤 일도 하지 않는다고 들었습니다. 그러므로 앉아서 하나님께 기도합니다. 하나님이 허락하시면 동침할 수 있습니다' 라고 말했다. 형제는 기도하기를 원하지 않았다. 그리고 여전히 욕망이 솟아났다. 그녀는 형제에게 '당신은 여자와 동침한 경험이 있습니까?' 라고 물었다. 형제는 '아닙니다. 그래서 여자와 동침한다는 것이 어떤 기분인지 알고 싶습니다' 라고 말했다. 그녀는 '당신은 생리 중 여성에게서 나는 냄새를 경험해 보지 못했기 때문에 그걸 원하는 것이지요. 저는 지금 생리 중입니다. 그리고 그 냄새를 맡을 수 있는 사람은 한 사람도 없습니다' 라고 말했다. 그녀로부터 이 말을 듣자 형제는 역겨운 기분을 느끼고 정신이 들었다. 그 형제는 눈물을 흘렸다. 그가 정신을 차리게 된 것을 본 그녀는 말했다: '보세요. 제가 당신 말에 설득되었다면 우리는 죄를 저지르고 말았을 것입니다. 그렇게 되었다고 한다면 당신은 무슨 얼굴로 제 아버지나 수도원의 형제들을 대할 수 있고, 성가대의 합창은 어떻게 들을 수 있었겠습니까? 그러므로 저는 당신에게 지금부터 항상 경건하게 살며, 하찮은 육체적 쾌락으로 인해 그동안 쌓은 고행의 열매를 파손하지 말며, 당신 자신에게서 영원한 선이 박탈당하지 않게 되기

를 부탁드립니다.'

그녀로부터 이러한 말을 듣고 그것을 내게 말해 준 그 고통당했던 형제는 그녀의 지혜로 인하여 타락하지 않게 자기 절제를 허락하신 하나님께 감사드렸다."

III. (84)

어떤 교부가 말했다: "시리아에 있는 아파메아(Apamea)로부터 온 두 무역상이 있었다. 그들은 친구였고, 외국과 무역하는 사람이었다. 한 사람은 부자였고 다른 사람은 중산층이었다. 그 부자 친구에게는 아름답고 또한 행실이 정숙한 아내가 있었다.

남편이 죽자 좋은 여자라는 것을 알고 있는 남편 친구 한 사람이 그녀를 아내로 삼고자 했다. 그러나 청혼을 받아들이지 않을까 봐 그녀에게 말하는 것을 주저하고 있었다. 그녀는 명석하여 이러한 일을 알고 있었다.

그녀는 그 남자에게 말했다. '시므온 씨, 지금 무슨 생각을 하고 있는지 짐작하고 있습니다. 무슨 생각이든 제게 말해 주세요. 그러면 제가 당신을 안심시켜 드리겠습니다.'

그는 망설이다가 결국 그녀에게 자기의 아내가 되어 달라고 간청했다. 이 말을 듣고 그 여인은 자기가 말하는 대로 한다면 그 청혼을 받아들이겠다고 했다. 그는 그 여인이 하라는 대로 하겠다고 했다.

'그러면 당신의 가게로 돌아가세요. 그리고 제가 부를 때까지 금식하고 기다리세요. 나도 그때까지 아무것도 먹지 않겠어요.'

그는 그렇게 할 것을 다짐하고 가게로 돌아왔다. 그러나 언제 부를 것인지 그 날짜에 대해서는 아무런 언급이 없었다. 하루, 이틀 그리고 사흘이 지났지만 아무런 소식이 없었다. 그러는 동안 그녀에 대한 사랑 때문이거나 하나님이 그에게 인내를 가지게 하여 부르실 것을 알고 있었기 때문에, 그는 인내하고 있었다. 그는 하나님이 선택하신 그릇이 되고 있었다.

나흘이 되자 그를 부르러 사람이 왔다. 그 남자는 힘이 거의 없었고 고통 때문에 두 발로 설 수조차 없어서 들것에 실려 왔다. 그녀는 식탁과 침대를 준비하였다.

'보세요. 여기에는 식탁과 침대가 있습니다. 어느 곳을 먼저 원합니까?'

남자가 말했다.

'제게 자비 베푸시기를 간청하오. 지금 몹시 허기에 지쳐 있으니 먼저 음식을 주오. 먼저 당신과 함께 잠자리에 든다는 것은 불가능합니다.'

그녀가 말했다.

'지금 당신이 배고픈 것처럼 여성과의 쾌락보다 음식이 더 긴요하다는 것을 기억하세요. 그런 생각이 날 때마다 이 약을 사용하십시오. 그러면 욕망에서 자유롭게 될 것입니다. 남편이 죽은 후에 당신이 제게 확신시킨 것은 저는 당신이나 다른 어떤 사람과도 결혼하지 않고, 그리스도의 돌보심 속에서 지금처럼 과부로 살기를 바란다는 것입니다.'

그 순간 그는 잘못을 깨닫고 회개하였으며, 그녀의 지혜와 절제에 감탄을 금치 못했다.

'주님이 당신의 지혜로 나의 구원을 지켜 주셨습니다. 제게 어떤 충고를 해주십시오.'

그녀 역시 그 남자의 젊음과 멋진 외모에 이끌렸기 때문에 자신도 그러한 고통에 빠지지 않을까 하여 조심하고 있었다. 그녀는 말했다.

'하나님께 맹세코 당신은 그 누구보다 저를 사랑하고 있다는 것을 믿어도 되겠습니까?'

'그렇소.'

여인이 말했다.

'저 역시 당신을 사랑한다는 것은 사실입니다. 그러나 주님께서 "내게 오는 자가 자기 부모와 처자와 형제와 자매와 더욱이 자기 목숨까지 미워하지 아니하면 능히 내 제자가 되지 못한다"(눅 14:26)

고 말씀하셨으므로 하나님 때문에 서로 다른 길을 가도록 합시다. 그래야 주님께서 당신은 아내를, 나는 남편을 포기하였다고 여기실 것입니다. 우리가 사는 이곳 아파메아에는 은형제 수도원이 있으므로 당신이 구원받은 자가 되려면 그곳의 수도사가 되십시오. 그러면 당신은 참으로 하나님을 기쁘시게 할 수 있을 것입니다.'

그는 즉시 무역업을 그만두고 곧장 수도원으로 가서 죽을 때까지 그곳에서 살았다. 그는 깨끗한 마음으로 매사에 공정했으며, 모든 것을 영적으로 바라보았으므로 사람들에게 존경을 받았다. 이 모든 일들은 수도원장 시므온이 이야기를 하고 있는 본인에게 직접 말씀해주신 것이다."[2]

---

2) "부정(不貞)의 마귀와 육의 욕망, 즉 인간을 젊었을 때부터 괴롭히는 욕망과 싸움이다. 이 거센 싸움은 영혼 안에서만 행하는 것이 아니라 영혼과 몸 안에서 행해져야 하며, 그러므로 우리는 두 개의 전선에서 그것과 싸워야 한다. 육체적인 금식만으로는 완전한 자기 억제와 참된 순결을 이룰 수 없습니다. 크게 뉘우치는 마음, 하나님께 드리는 열렬한 기도, 빈번한 성경 묵상, 수고와 육체노동 등이 동반되어야 한다. 이것들은 영혼의 끊임없는 충동들을 억제하며 부끄러운 환상에서 깨어나게 할 수 있습니다"(『필로칼리아』 제1권, 요한

카시안의 "낙담에 관하여" 참조).

식탐이 넘치면 음란의 정념이 온다고 했다. 반대로 음란의 정념을 이기려면 육체적으로는 금식으로, 영적으로는 기도와 말씀 묵상으로 싸워야 한다. 이러한 메커니즘을 잘 알고 있는 현명한 여인이 청혼하려는 남자에게 금식을 시켰다. 금식은 정욕을 사라지게 했으며, 여인의 도움으로 크게 깨달은 남자는 수도사가 되었다.

4.
친형제에 관한 이야기

육신의 부모와 형제자매와의 관계를 정리한 후 수도원에 들어간다. 수도사가 갖춰야할 가족관계에 대한 태도를 가르치기 위해 예수님의 말씀을 종종 인용한다: "내게 오는 자가 자기 부모와 처자와 형제와 자매와 더욱이 자기 목숨까지 미워하지 아니하면 능히 내 제자가 되지 못하고"(눅 14:26); "아버지나 어머니를 나보다 더 사랑하는 자는 내게 합당하지 아니하고 아들이나 딸을 나보다 더 사랑하는 자도 내게 합당하지 아니하며"(마 10:37). 첫 번째 사도 누가의 기록은 매우 단호하며 강한 표현이지만, 두 번째 사도 마태의 복음은 다소 부드럽지만, 그 지향(指向)은 같다.

이 말씀은 예수님을 따르는 모든 사람에게 주어진 것이라는 것을 기억해야 한다. 믿는 자에게 가족을 버린다는 문제는 "우선순위"와 "가족관"에 관한 문제이다. 인생에 있어서 제일의 우선순위는 무엇인가? 그러고 이 세상에서 가족이란 무엇인가? 수도사들에게 가족에 대한 의무는 항상 다른 의무, 즉 기도와 노동과 우정의 의무와 대립적이거나 양자 중 택일해야 하는 상황을 조성한다. 수도사는 우선순위를 분명하게 서원한 사람으로서, 그들의 가족과 가정의 포기는 수도 생활에 제일 우선순위를 두었다는 것을 의미한다.

여기에 수도사들의 서원과 가족 간의 대립으로 인해 고뇌하고 있음을 말하고 있다. 이 이야기 중에 현대 독자들이 이해하기 어려울 정도로 가혹하고 냉정하지만 복음서에 나타는 예수님도 역시 그러하셨다.

가족이 함께 같은 수도원의 수도사가 되었을 때 문제가 더 복잡해진다. 함께 수도 생활을 했거나 다른 수도원에서 수도 생활을 했던 친형제에 관한 이야기는 가족적인 유대가 영적 성장에 있어서 도움이 될 수 있지만, 방해될 수 있으며, 가족 간의 갈등이 사막에서도 지속한다는 것을 볼 수 있다. 수도사는 가족을 맹목적으로 거부하는 것이 아니라 그들의 통찰력과 분별력을 위해 기도한다.

I. (4)

스케테에 사는 친형제가 있었는데, 한 사람이 병이 들었다. 그래서 그의 형제는 교회로 가서 사제에게 성찬을 요청했다. 이 말을 들은 사제는 다른 형제들에게 "그를 방문합시다"라고 말했다. 그들은 그에게로 가서 기도를 해주고는 떠났다. 다음 주일, 사제는 건강한 형제에게 아픈 형제는 좀 어떠냐고 물었다. 그가 말하기를 "그를 위해서 기도해 주십시오"라고 했다. 사제는 다시 모든 형제를 데리고 병자에게로 갔다. 그들이 도착해서 자리에 앉았을 때, 병자는 거의 죽어가고 있었다. 그가 죽어가고 있는 것을 보면서 어떤 사람들은 그가 보혜사 성령님께 복 받은 사람이라고 말하였고, 또 다른 사람들은 그 점에 대해서 반박하는 등 논쟁하기 시작했다. 이를 보고 있던 그 병자의 형제가 그들에게 말했다. "왜

논쟁하고 있습니까? 여러분은 성령님의 능력에 사로잡힌 사람을 보고 싶지 않습니까?" 그리고 나서 그는 자기 아우에게 물었다. "아우야, 떠나가려고 그래?" 아우가 겨우 말했다. "형님, 저를 위해서 기도해 주세요." 그의 형이 말하기를 "너를 먼저 보낼 수 없어"라고 하면서 다른 형제들에게 돗자리와 깔개를 하나 달라고 했다. 그리고 아우 옆에 누워서 먼저 숨을 거두었다. 사부들은 두 사람에게 경의를 표한 후 두 형제의 장사를 치렀다. 왜냐하면 그 형제들은 초자연적인 은총을 받은 자들이었기 때문이다.

II. (5)

친형제가 사막에서 함께 살고 있었다. 한번은 한 형제가 하나님의 심판을 기억하고 그곳에서 달아나서 오랜 시간 동안 사막을 돌아다녔다. 그의 형제가 그를 찾아다녔다. 지치도록 돌아다닌 끝에 형제를 만났다. 그리고 그에게 말했다. "왜 도망 다니느냐? 세상의 모든 죄를 네가 홀로 지려는 것인가?" 아우가 말하기를 "내가 용서받았다는 사실을 내가 모른다고 생각합니까? 나는 하나님께서 나의 죄를 모두 사해 주신 것을 알고 있습니다. 그러나 나는 심판의 날에 가서 심판받는 사람들을 보려고 애쓰는 것입니다"라고 했다.

III. (6)

 어느 친형제가 있었다. 그들 중 한 형제가 돈이든 빵이든 그가 가진 것은 무엇이든지 다른 형제의 소지품 속에 감추었다. 이 형제는 전혀 눈치채지 못했지만, 점점 자신의 소유가 많아지는 것을 이상하게 생각했다. 어느 날 형제가 자신의 소지품에 물건을 감추고 있는 것을 보았다. 그동안의 일을 알게 된 형제가 물건을 감추었던 형제에게 "물질에 대한 너의 욕심으로 내 영혼까지 조롱받게 되었다"라고 꾸짖고는 다시는 그러지 말라고 타일렀다.

IV. (21)

 철저한 은수사였기 때문에 사람들이 모이는 교회조차 가지 않는 켈즈의 한 노인에 관해서 이야기하곤 했다: "이 은수사의 독거처 근처에 친형제가 있었다. 그의 형제가 병들어서 임종이 가까웠으므로 사람을 보내 죽기 전에 한 번 방문해 달라고 전갈을 보냈다. 그러나 노인은 거절하며 '나는 독거처에서 나갈 수 없습니다. 왜냐하면 그는 친형제이기 때문입니다'라고 말했다. 이 말을 전해 들은 병든 형제는 다시 사람을 보내서 '오늘 밤에 와 주십시오'라고 부탁했다. 그의 형제가 말을 전하러 온 사람에게 말했다. '내 마음이 하나님 앞에서 순결하다는 것을 확신하기 전에는 이곳에서 나갈 수 없습니다.' 결국 병든 형제는 죽었고, 그들은 다시 만나지 못했다."

V. (77)

친형제가 함께 살고 있었는데 마귀가 그들을 서로 분열시키기 위해서 왔다. 어느 날 동생이 등잔에 불을 켰는데 마귀가 끼어들어서 등잔 대를 넘어뜨려 불이 꺼져버렸다. 형이 화가 났다. 동생이 "형님, 참으십시오. 제가 다시 불을 붙이겠습니다"라고 말했다. 그러자 주님의 능력이 임해서 아침까지 마귀를 고통스럽게 했다. 마귀는 떠나갔다. 그리고 자기를 다스리는 자에게 어떤 일이 있었는가를 이야기했다. 그때 이교의 사제가 그 마귀의 이야기를 듣고 그곳을 떠나서 수도사가 되었고, 처음부터 겸손으로 인내했다. 그리고 그는 항상 "겸손은 원수의 힘을 모두 빼앗아 버린다"고 말했다. 그리고 그는 종종 "내가 형제 수도사들을 혼란에 빠뜨리려고 했을 때, 한 사람이 먼저 사과함으로써 내 힘을 파괴했다"는 마귀의 이야기를 했다.

5.
단순함과 겸손에 관한 이야기

"수도사"라는 말과 그 말의 그리스 어원인 "모나스"를 이해하는 하나의 방법은 그것을 복잡하지 않은, 정돈된, 전심의 의미로서의 "단순함"으로 해석하는 것이다. 또 다른 수도사적 삶의 속성은 이 일차적인 특성과 관련되어 있다. 즉 세상에 대한 포기는 단순한 삶을 진정 가능하게 만든다. (수도사에 대한 또 하나의 이해는 그 단어를 독신의 의미인 '단일함'과 연결했다.)

수도사의 금욕 생활의 목표는 복잡성을 뛰어넘어 단순한 진리를 볼 수 있는 능력을 개발하기 위한 것이다. 수도사의 덕목 중에 가장 중요한 것은 겸손인데, 이는 바로 단순함이며 하나님의 창조에서 인간에 대한 바른 직관적인 인식을 육성시키는 것을 목표로 한다.

여기에 나오는 이야기에서 겸손함이 천진난만하거나 지나칠 정도로 보일 수도 있지만, 그러나 자기 파괴적이거나 자기 학대를 의미하지 않는다. 겸손은 수도사들이 비로소 보고 말하는 출발점이다. 겸손은 수동적인 덕이 아니다. 왜냐하면 그것은 사랑과 자선에 있어서 기초가 되기 때문이다.

사막 수도사의 겸손 특징은 솔직함과 정직으로 표현된다. 겸손은 자기 자신에게 정직할 뿐만 아니라, 다른 사람에 대한 솔직한 평가를 의미한다. 비판을 겸손한 태도로 수용하는 사람이므로, 비판하는 사람이 더욱 겸손해져야 한다.

사막은 전심으로 하나님을 찾는 데 이상적인 장소이다. 사막과 그

환경은 단순하다. 그래서 사막은 세상 문화와 기술에 의지하지 않고 오롯이 하나님만 의지하는 환경이다.

호세아 선지자를 통하여 하나님은 "내가 그를 타일러 거친 들(광야, 사막)로 데리고 가서 말로 위로하고…그가 거기서 응대하기를 어렸을 때와 애굽 땅에서 올라오던 날과 같이 하리라"(호 2:14-15)고 하셨다.

I.(14)

타미아테오스의 장로 사제인 교부 조일로스는 일곱 명의 사람들이 그의 영적 스승인 교부 나다나엘이 말씀하시는 것을 듣기 위하여, 교부 아르세니우스를 본받기 위하여, 그리고 스케테에 머물기 위하여 모여들었다고 이야기했다. 세상의 모든 일을 포기하고 이 세 가지 일을 추구하기 위하여 모여든 그들은 스스로가 흙으로 만든 무가치한 그릇이라고 알고 있었으며, "이것이 위대하신 하나님이 우리를 얼마나 많이 돌보고 계시며, 자비로써 우리의 죄를 용서하시리라는 것을 보여 주는 것이다"라고 했다.

II. (28)

주교 중 한 사람이 매년 스케테의 교부를 방문했다. 한 형제가 그를 만나 자기 방으로 모시고 갔다. 그리고 빵과 소금을 차려 놓은 뒤에 말씀드렸다. "스승님, 이것 외에는 아무것도 당신께 드릴 것이 없사오니 죄송합니다." 주교가 대답했다. "내년에 올 때는 소금조차도 없기를 바랍니다."[1]

---

1) "손님에게 음식을 지나치게 많이 대접하려는 생각이 떠오르면 미혹되지 말고 그 생각을 떨쳐 버리라. 원수는 그러한 생각 속에 잠복해 있으면서 당신을 고요함으로부터 떼어낼 기회를 엿보고 있다. 주님이 마르다(그런 일들로 바쁜 영혼들)를 어떻게 책망하셨는지 기억하라: '네가 많은 일로 염려하고 근심하나 몇 가지만 하든지 혹은 한 가지만이라도 족하니라'(눅 10:41-42). 한 가지, 즉 거룩한 말씀을 듣는 일에 만족하라는 것이다. 그다음에는 수중에 들어오는 것이면 무엇에든지 만족해야 한다. …사르밧의 과부가 선지자 엘리야를 환대한 것도 본보기가 된다(왕상 17:9-16). 비록 가진 것이 떡이나 소금이나 물밖에 없어도 충분히 손님을 환대할 수 있다. 비록 가진 것이라곤 그것밖에 없지만 나그네를 환영하여 도움이 되는 말을 해준다면 부족함이 없는 환대를 제공하게 될 것이다. 환대와 관련하여 '친절한 말 한 마디가 값진 선물보다 더 낫지 않느냐'(집회서 18:17)라는 견해를 취해야 한다"(『필로칼리아』 제1권, 독수도사 에바그리우스의 "독거생활의 고요와 금욕에 대한 가르침" 참조).

III. (29)

이집트의 수도원에서 한 토론이 있었다. 단 한 사람을 제외하고는 큰 자나 작은 자나 모두 이야기했다. 모두 떠나간 다음 어떤 형제가 그에게 물었다. "자네는 왜 한마디도 하지 않았는가?" 그 형제의 강요 때문에 어쩔 수 없이 대답했다. "용서하십시오. 마음속으로 '만일 내가 깔고 앉아 있는 멍석이 말하지 않는다면 나도 말하지 않을 거야'라고 생각했습니다. 그래서 나는 조용히 침묵을 지켰습니다."

IV. (59)

내가 한 노인에 관해서 들은 이야기이다: "어떤 사람이 클리스마에 있는 성전에서 살았는데, 그는 닥친 일을 즉시 하지 않았다. 그러나 누군가 요청하지 않은 일이라도 그는 했다. 그물을 짜야 할 시간이 되면 다른 일을 했고, 실을 짜야 하는 시간에 천(리넨)을 만들었다. 그러므로 그의 마음은 일 때문에 흔들리지 않았다."

V. (60)

부활절 축일에 형제들이 켈즈의 교회에서 함께 식사하면서, 한 형제에게 포도주를 권했다. "교부들이시여, 전에도 그것을 마시고는 오랫동안 고통을 당했으므로 사양하겠으니 용서하십시오."

VI. (61)

저지대에 사는 어떤 노인에 관한 이야기가 있다. 어떤 은수사가 신실한 한 세속인이 그를 섬기며 살았다. 한번은 그 하인의 아들이 병이 들었다. 그는 노인에게 부탁했다. "오셔서 제 아들을 위해 기도해 주십시오." 노인은 여러 차례 부탁을 받았기 때문에 그와 함께 길을 떠났다. 그 세속인은 집안으로 뛰어가면서 "은수사가 오시니 와서 맞으시오"라고 소리쳤다. 등불을 들고 마중 나오는 것을 멀리서 본 그 노인은 깊은 생각에 잠겼다. 갑자기 입고 있던 옷을 모두 벗어버리고 물속으로 들어갔다. 이 광경을 본 하인이 민망해하면서 사람들에게 소리쳤다. "들어가시오. 아무래도 이 노인이 미친 것 같습니다." 그리고 노인에게 물었다. "아버지여, 왜 이러십니까? 사람들이 귀신들렸다고 하지 않습니까?" 노인이 말했다. "바로 그 말을 들으려고 그랬습니다."

VII. (62)

  영양을 기르면서 수도 생활을 하는 어떤 은수사가 "하나님, 더 많은 것을 깨닫게 해 주십시오"라고 간절히 기도드렸다. 어느 날 한 소리가 들려왔다. "내가 일러줄 수도원으로 가서 거기 수도사들이 네게 시키는 대로 순종하며 살라." 그가 그 수도원에서 살면서 형제들이 시키는 일을 잘하지 못하자 젊은 수도사들이 그를 조롱했다. "이것 해봐, 이 바보야. 저것도 하란 말이야, 이 얼간이 바보 늙은이야." 그는 이 일로 인해서 괴로운 나머지 다시 기도했다. "주님, 저는 사람들이 시키는 것을 잘할 수 없으니 저를 다시 영양들에게로 보내 주십시오." 하나님에 의해서 자유롭게 된 그는 영양들을 기르기 위해서 자기가 살던 곳으로 돌아갔다.

VIII. (71)

  한 형제가 수도원장에게 물었다. "어떻게 하면 사람이 하나님을 위하여 어리석은 자가 될 수 있겠습니까?" 노인이 그에게 말했다: "수도원에 한 젊은이가 있었는데, 그는 한 선한 노인을 섬기고 있었다. 노인은 그를 사랑했으며, 그에게 하나님 경외하는 법을 가르쳤다. 그리고 노인은 '누군가가 너를 멸시할 때마다 그를 축복하고 식탁에 앉을 때마다 맛이 없는 것은 먹고 맛있는 부분은 남겨 두고, 외투를 골라 입어야 할 때 좋은 것은 놔두고 해진 것을 택하라'고 말했다. 젊은이가 노인에게 '말씀하신 대로 행동한다면 어리석은 자가 되지 않겠습니까?'라고 말하자 노인은 '내가 네게 이른 말대로 행한 것으로 인해서 주님은 너를 더욱더 지혜롭게 하실 것이다'라고 말했다. 노인은 누군가가 주님을 위하여 어리석은 자가 되는 일을 왜 해야 하는지를 보여 주었다."

6.
회개, 악한 의지, 판단에 관한 이야기

여기서 "포기"란 기독교인의 영적 여정의 출발점으로서 회개라는 수도원적 표현이다. 세례 요한은 유대 광야에서 회개를 선포했고, 예수님도 회개하라고 하셨으며, 수도원 전통은 자기 자신의 삶에 대한 책임과 영적 분별을 위하여 삶을 포기하고 하나님께 바치라고 강조해 왔다. 그러한 분별력은 일반적으로 영적 스승에 의해서 깨달음을 얻음으로 가능해진다. 그러므로 영적 아버지와 그의 제자 사이의 관계성에 그 핵심이 놓여 있는 것이다. 회개가 수도사의 특권이 아니므로 몇몇 이야기에 나오는 회개에 관한 내용은 죄를 짓고 나서 그 사실을 깨닫고 죄로부터 돌이켜 하나님을 향해 가는 세속인에 관한 것이다.

이 이야기에서 회개와 가장 밀접하게 말해지고 있는 것은 겸손이다. 왜냐하면 심지어 명백한 불행의 경험으로부터 배울 수 있게 하는 것이 바로 겸손이기 때문이다.

수도원의 장로들이나 친구, 공동체의 지혜가 열매를 맺기 위해서는 그것을 듣고자 하는 청중이 있어야 한다. 그러나 다른 한편 회개를 선포하는 것이 쉽게 판단을 언표하는 것이 될 수 있으며, 사막 수도사들은 이 위험에 매우 민감했다. 그러므로 이 이야기들이 도움을 줄 수 있는 것은 그것들이 독자로 하여금 회개에 대한 권고를 넘어서게 하고 모범의 단순한 능력과 부드러운 말을 통하여 은혜의 역사를 보게 할 수 있다고 하는 점이다.

I. (10)

한 노인이 말했다. "마지막 숨을 쉴 때까지 인간에게 외치는 음성이 있다: "오늘 회개하라.""[1]

II. (11)

압바 테오도토스(Theodotos)가 말했다. "만일 절제하면서 살기를 원한다면 음란에 빠진 사람을 정죄하지 말라. 왜냐하면 당신도 그 사람처럼 계명을 범하고 있기 때문이며, '간음하지 말라'고 하신 분이 '심판하지 말라'고도 하셨기 때문이다."[2]

---

1) "회개하라 천국이 가까이 왔느니라"(마 3:2). 세례 요한이 광야에서의 이 외침을 "여기 지금"(here, now) 우리도 들어야 한다. 이 음성은 모든 시대(aeon)의 사람에게 들려오는 소리이다.

2) 심판은 하나님의 주권이므로, 이웃을 심판하는 것은 우리의 영역이 아니다. "아버지께서 아무도 심판하지 아니하시고 심판을 다 아들에게 맡기셨으니"(요 5:22).

III. (13)

그들은 누군가에 대해서 말하곤 했다. 어떤 형제와 처녀가 이집트 은수사의 독거처를 가끔 방문했다. 어느 날 이들이 동시에 노인을 방문했다. 둘 사이가 심상치 않음을 눈치챈 노인은 그의 자리를 그들 사이에 자리를 펴고 잠을 잤다. 그 형제는 욕정에 굴복당하여 처녀와 죄를 범하고 말았다. 아침이 되자 노인은 지난밤에 일어났던 일에 대해서 한마디도 하지 않고 그들을 환송했다. 길을 가던 이들이 노인이 어젯밤 일을 알고 있는지 궁금했다. 그들은 노인에게로 가서 물었다.

"아버지, 사탄이 우리를 어떻게 조롱했는지를 모르셨습니까?"

"알고 있었다."

"그때 무슨 생각을 하셨습니까?"

"그때 내 생각은 십자가에 달리신 그리스도에게 가서 서서 울고 있었다."

노인에게서 보속을 받은 후 그들은 각자의 길을 떠났고, 하나님의 택함을 받은 자로 살았다.

IV. (20)

매일 하루에 세 개의 비스킷만을 먹고 사는 한 노인이 있었다. 한 형제가 왔을 때 그들은 식탁에 앉았고, 노인은 그 형제에게 비스킷 세 개를 내놓았다. 노인은 그 형제에게 음식이 더 필요하다는 것을 알게 되었고, 그래서 그에게 비스킷 세 개를 더 주었다. 음식을 다 먹고 자리에서 일어난 후 노인은 그 형제를 정죄하면서 그에게 말했다. "형제여, 육체를 섬기는 것은 옳지 못한 것이네." 형제는 용서를 구하고 그곳을 떠났다. 다음번 식사 시간에 노인은 습관처럼 자기 앞에 세 개의 비스킷을 차려 놓고 먹었다. 그는 자신을 억제했음에도 불구하고 여전히 배가 고팠다. 다음 날에도 그는 배고픔을 참았다. 노인은 약해지기 시작했고, 하나님이 자신을 버리셨음을 알게 됐다. 그는 하나님 앞에 엎드려 눈물을 흘리면서 자신을 버리시지 말라고 애원했다. 그때 그는 자신에게 말씀하고 있는 한 천사를 보았다: "네가 그 형제를 정죄한 것 때문에 이 일이 네게 일어난 것이다. 따라서 육체를 부정하거나 혹은 어떤 선한 일을 할 수 있는 것은 네 능력 안에 있는 것이 아니라 오히려 너를 강하게 하시는 하나님의 선하심에 의한 것임을 알라."

V. (31)

한 도시에 마귀의 유혹에 넘어가 음란죄를 범한 한 주교가 있었다. 어느 날 교회에서 예배를 드리고 있었는데, 아무도 그의 죄를 알지 못했다. 그러나 그는 그곳에 모인 사람들 앞에서 "저는 음란죄를 범했습니다"라고 고백했다. 그러고 나서 제단 위에 영대를 올려놓고는 "저는 더는 여러분의 주교가 될 수 없습니다"라고 했다. 그곳에 모인 사람들은 울면서 말했다.

"그 죄를 우리에게 돌리시고 계속 주교가 되어 주십시오."

"만일 여러분이 제가 주교로 남아 있기를 원한다면 제가 말씀드리는 대로 해주십시오."

그리고 교회 문을 닫아 달라고 부탁한 후에 한 옆문 앞에 얼굴을 땅에 대고 엎드리고는, "나가면서 나를 밟고 지나가지 않는 사람은 하나님과 관계가 없는 사람입니다"라고 말했다. 그들이 그의 말을 듣고 난 후 마지막 사람까지 나갔을 때, 하늘로부터 한 목소리가 들려왔다: "그의 위대한 겸손으로 인해 나는 그의 죄를 용서했다."

VI. (32)

어떤 도시에 또 다른 주교가 있었는데, 그는 병이 들었고 사람들은 그가 죽을 것으로 생각하고 그를 포기했다. 그곳에 한 수녀원이 있었는데 주교가 가망이 없는 상태임을 알게 된 원장 수녀는 두 수녀를 데리고 그를 방문했다. 주교가 그들과 이야기를 하는 동안 그의 침대 가에 서 있던 한 수녀가 그가 어떤 상태인지 알기 위해서 그의 발을 만졌다. 그는 이 접촉에 자극을 받았다. 그래서 원장 수녀에게 "나를 가까이에서 보살펴 줄 수 있는 사람이 없으니, 이 수녀가 나와 함께 있어 내가 이 수녀의 간호를 받을 수 있도록 허락해 주시겠습니까?"라고 요청했다. 원장 수녀가 의심하지 않고 그녀가 그곳에 남아 있도록 허락했다. 마귀의 시험에 빠진 그는 수녀에게 "익힌 생선을 조금 가져다가 먹게 해 달라"고 부탁했다. 그래서 그녀는 그의 말대로 했다. 식사한 후에, 그는 "나와 함께 누워 죄를 짓자"라고 말했다.

그녀가 아이를 배게 되었다. 그녀가 아이를 밴 모습을 보게 된 사제는 "네게 임신을 시킨 사람이 누구인지 말하라"고 하며 다그쳤다. 그녀는 고백하려고 하지 않았다. 그때 그 주교가 "그녀를 그냥 가게 하시오. 왜냐하면 죄를 범한 것은 나이기 때문이오"라고 말했다. 병에서 회복된 후에 그는 교회로 들어가서 제단 위에 영대를 올려놓았다. 그리고는 지팡이 하나만을 가지고 자기를 모르는 수도원으로 들어갔다. 그 수도원의 원장은 분별의 은사를 받은 사람이었기 때문에 그 주교가 자기 수도원으로 오고 있는 것을 알고 있었다. 그는 문지기에게 "보라, 형제여. 내일 한 주교가 올 것이다"라고 일러두었다. 그 문지기는 주교가 어떤 상황인지 몰랐기 때문에 그가 수레를 타고 오거나 주교의 복장을 하고 있을 것으로 생각했다. 그런데 수도원장이 나와서 그를 영접하고 "저희에게 오셔서 감사합니다, 주교님"이라고 인사했다. 그 주교는 그 수도원장이 자기를 알아보자 아무 말도 못하고 다른 수도원으로 가려고 했다. 수도원장이 그에게 "주교님이 어디를 가시든지 저도 함께 가겠습니다"라고 말했다. 그리고 그를 크게 위로한 후에 수도원으로 모셨다. 그는 참된 회개 속에서 평화롭게 죽었으며, 그가 죽었을 때 표적들이 있었다.

VII. (43)

이집트의 켈즈에 있는 한 형제는 매우 겸손하다고 알려졌다. 그에게는 도시에서 많은 사람의 영혼을 타락하게 한 난잡한 누이가 있었다. 켈즈의 노인들은 종종 그의 동생 일로 그에게 고통을 주었다. 그들은 그에게 여동생을 만나서 야단치고 동생으로 인하여 일어나는 죄악이 근절되게 하라고 설득했다. 그가 그곳에 도착했을 때 그녀의 친구 중의 한 사람이 그를 보았고, 그녀에게로 가서 "네 오빠가 문에 서 있다"라고 말했다. 손님과 함께 있던 동생이 놀라서 밖으로 나왔다. 너울도 쓰지 않고 뛰어나온 동생은 오라버니를 껴안으려고 하자 오라버니가 동생에게 말했다. "나의 사랑하는 누이여, 너를 통해서 많은 사람이 타락했으므로 이제 너 자신의 영혼을 구하라. 너는 어떻게 마지막 날의 영원한 심판을 견디려고 하느냐?" 그녀는 떨면서 오빠에게 물었다. "이 모든 일에도 불구하고 제게 구원이 있을 것으로 생각하세요?" 오빠가 말했다. "만일 네가 원한다면 구원받을 것이다." 그녀는 오빠의 발 앞에 엎드렸다. 그리고 자신을 사막으로 데려다 달라고 애원했다. 오빠가 말했다. "너울을 쓰라. 그리고 나를 따라오너라." "오라버니, 그냥 떠납시다. 왜냐하면 사악한 나의 일터로 가느니 머리에 너울을 쓰지 않고 꼴사나워 보이는 것이 내게 유익하기 때문입니다." 그들이 길을 떠나기 전에 그녀에게 회개하라고 했다. 길에서 그들은 다가오는 사람들을 보았다. 그는 누이에게 말했다. "저들이 네가 내 누이인지 모르니, 너는 그들이 지나갈 때까지 길에서 조금 벗어나서 서 있으라." 잠시 후에 누이에게 "가자"고 말했는데도 아무런 대답이 없었다. 돌아보니 이미 동생은 죽어 있었다. 그는 누이의 발자국이 피로 물들어 있는 것을 보았다. 왜냐하면 그녀는 맨발이었기 때문이었다. 그 형제는 수도원으로 돌아와서 노인들에게 일어난 일을 말씀드렸으며, 그들은 그 일에 대해서 의논했다. 하나님은 그들 중의 한 노인에게 그녀에 관해서 계시하셨다. "그녀가 자기의 육체를 전혀 돌보지 않았고, 자신의 몸을 멸시하였다. 그런 중에서도 전혀 불평하지 않았기 때문에 나는 그녀의 회개를 받아들였다."

7.
수도사, 마귀, 그리고 천사

사막의 글을 이해하려는 현대 독자들에게 가장 장애가 되는 두 요소가 있는데, 하나는 수도사들이 실천했던 금욕과 마귀에 대한 개념이다.

I. (12)

마귀 들린 어떤 사람이 스케테에 왔지만, 오랜 시간이 지나면서도 치유되지 않았다. 그를 불쌍히 여긴 한 노인이 그에게 십자가를 그으면서 기도하자 곧 나았다. 격분한 마귀가 노인에게 말했다.

"나를 그에게서 쫓아냈으니, 네게라도 들어가야겠다."

노인이 말했다.

"오라, 기꺼이 환영하노라."

노인은 12년 동안 매일 대추야자 열두 개만 먹으면서 마귀와 함께 살았다. 마침내 마귀는 기진해서 노인에게 떠나가려 하자 노인이 말했다.

"왜 도망가느냐? 더 머물러 있거라."
마귀가 대답하기를 "하나님 한 분만이 너를 넘어뜨리실 수 있어"라고 했다.[1]

---

1) 사막 수도사들에게 마귀란 다름 아닌 악한 생각들이다(참조, 1-1 각주 4, 29쪽 참조). 여기에 나오는 마귀는 이상한 모습을 가진 도깨비라든가, 어떤 사악한 영적인 존재를 말하는 것보다는 내면에 도사리고 있는 생각들, 다시 말해서 사악한 영에 의해 사로잡힌 생각들을 말한다.

사막의 수도사들은 4세기에 에바그리우스(Evagrius of Ponticus)의 작품에 언급하고 있는 여덟 가지의 정념, 그의 제자 서방 전통의 요한 카시아누스(John Cassan)가 집필한 『담화집』(the Conference)과 『제도집』(the Institute)에서 정리한 8가지 악한 생각들을 마귀와 동급으로 생각했다.

실제로 『사막 교부들의 금언』 중에 대 마카리우스는 마귀와 대화를 나누는 이야기가 나오는데, 실은 마귀란 악한 생각들이라고 보는 게 맞는 것 같다(『사막 교부들의 금언』, 엄성옥 역, "대 마카리우스" #121, 283쪽 참조). 여덟 가지 정념(악한 생각들)이란 식탐(gluttony), 음란(impurity), 탐욕(avarice), 분노(anger), 슬픔(sadness), 나태(acedia), 허영(vainglory), 교만(pride)이다(요한 카시아누스의 『담화집』, 담화 5, 143쪽 참

II. (19)

그들은 한 노인에 대해서 다음과 같이 말했다: "그가 사막을 걷고 있었는데, 두 명의 천사가 오른쪽과 왼쪽에서 그와 동행했다.

조).
　이들 정념(악한 생각들)은 어떤 규칙에 따라서 작용한다. 예를 들면 식탐으로 과식하면 음란이 생기고, 음란으로 인해 탐욕이 생기고, 탐욕이 채워지지 않으면 화를 내며, 화가 지나치면 슬픔이나 낙심을, 낙심과 슬픔이 연합하여 나태를 낳는다. 이러한 메커니즘에 따라 앞의 여섯 정념이 일어나는 반대 순서로, 정념에 반대되는 방향으로 나아가면 정념(악한 생각)을 물리칠 수 있다고 보았다. 그런데 앞의 여섯 정념을 누르면 누를수록 반대로 더 강하게 작용하는 것이 허영이며, 허영이 지나쳐서 교만을 낳는다.
　다시 정리하자면, 정념을 다루기 위해 거꾸로, 반대되는 방향으로 나아가면, 식탐이 정념의 시작이므로 정념을 정복하기 위해 최종적으로 남는 것이 바로 금식과 절제이다.
　어느 형제에게서 쫓겨난 마귀를 노인이 환영하여 받아들인 후, 그와 함께 12년 동안 매일 하루에 대추야자 12개만 먹으면서 절제했다. 마귀 역시 배고픔을 못이겨서 결국 노인을 떠나갔다. 금식은 무정념의 여왕이다.

길을 가다가 그들은 시체가 버려져 있는 길에 이르게 되었다. 노인이 시체에서 나는 악취 때문에 그의 코를 감싸자 천사들도 그렇게 했다. 그들이 조금 더 걸어가면서 노인이 천사들에게 물었다. "당신들도 악취를 맡을 수 있습니까?" "아니다. 우리는 너 때문에 코를 감싸 쥐었다. 우리는 세상의 악취를 맡을 수 없으며, 그 악취도 우리에게 미치지 못한다. 그러나 우리는 죄의 고약한 냄새를 맡을 수 있다."

III. (33)

테베에서 90년 동안을 사는 히에락스라는 노인이 있었다. 어느 날 마귀들이 나태에 빠트리려고 노인을 둘러싸서 "50년을 더 산다면 무엇을 하겠는가?"라고 물었다. 노인이 대답했다. "너희들은 매우 황당한 질문을 하는구나. 나는 앞으로 2백 년을 더 살 준비가 되어 있다." 마귀들은 큰소리를 지르며 그에게서 떠나갔다.[2]

---

2) 여기서 나태란 헬라 철학 용어로 아케디아(acedia)이며, 가톨릭의 7죄종 중 게으름(sloth)에 해당된다: "그 주인이 대답하여 이르되 악

하고 게으른(Thou wicked and slothful servant; KJV) 종아 나는 심지 않은 데서 거두고 헤치지 않은 데서 모으는 줄로 네가 알았느냐"(마 25:26). 나태, 즉 아케디아를 정오의 귀신(noonday demon)이라고 부르기도 한다. 이 귀신은 하루를 지루하게 만들고 일해야 하는 대낮에 졸리게 한다. 하루가 24시간임에도 불구하고 50시간이나 되는 것처럼 느끼게 한다. 이 지루함을 달래기 위해서 또 다른 쾌락을 찾게 한다.

50년 동안의 수도 생활에 노인은 지쳤을 것이다. 이집트의 나일강 상부 테베는 지금의 룩소르 근처로서 파코미우스의 공주 수도원이 있는 곳이다. 이 수도사 히에락스는 공주 수도원에서 90년 동안 수도했던 매우 연로한 수도사라고 추정된다. 파코미우스의 공주 수도원 규칙을 보면 알 수 있듯이 노인은 금식과 노동과 철야 등으로 육체적 한계가 왔을 것이며, 수도원의 삶이 지루했을 것이다. 그래서 마귀들이 그를 둘러싸고 "50년을 더 살면 무엇을 할 것인가?"라고 물었는데, 실은 이 질문과 함께 나태라는 정념을 주입하려고 했다.

노인은 "앞으로 50년이 아니라 2백 년을 더 살 계획을 하고 있다"고 대답했다. "시계의 시간"으로 2백 년이 아니라 "하나님 현존의 시간"으로 대답했다: "사랑하는 자들아 주께는 하루가 천 년 같고

IV. (34)

요르단 지역에 여러 해 동안 고행을 하는 한 은수사가 있었다. 이 사람은 대적들의 공격을 받지 않는 하나님의 은총을 얻은 사람으로 여겨졌다. 그는 도움을 구하러 오는 사람들 앞에서 마귀를 욕하기까지 했으며, "마귀는 그가 좋아할 만한 일을 하지 않으려고 싸우는 사람에 대해서는 어떤 것도 하지 못한다. 왜냐하면 그가 악하게 만드는 자들은 언제나 죄에 사로잡혀 있는 더러운 자들이기 때문이다"라고 말했다. 그런데 그 은수사는 자신이 하나님에 의해 보호받고 있으며, 그 때문에 마귀들의 공격을 당하지 않는다는 사실을 알지 못했다. 어느 날 하나님이 그를 떠나 계실 때 마귀와 대면하게 되었다.

마귀가 그에게 물었다. "압바, 나를 왜 그렇게도 적대시했습니까? 왜 그렇게 나를 욕하십니까? 내가 언제 당신을 괴롭혔습니

천 년이 하루 같다는 이 한 가지를 잊지 말라"(벧후 3:8). 여기서 "천 년"은 시계의 시간이고, "하루"는 하나님의 시간이다. "나는 나이와 상관없이 하나님의 현존으로 살아가겠다"는 노인의 말을 들은 마귀들은 큰 소리를 내면서 사라졌다.

까?"

  은수사는 마귀에게 침을 뱉으면서 "사탄아, 내 뒤로 물러가라. 너는 그리스도의 종에게 어떤 것도 할 수 없다"라고 말했다. 마귀가 "네, 네, 맞습니다. 나는 당신이 40년이 넘도록 하나님을 섬기는 동안 단 한순간도 당신을 타락시키지 못했다"라고 대답했다. 마귀는 미끼로 이 말을 던지고 사라져 버렸다. 은수사는 즉시 생각에 빠져들었다. 그리고 혼잣말을 했다. "그래, 그렇게 오랜 세월을 이곳에서 고행을 해왔지. 그런데 하나님이 내가 여기서 40년을 더 살기를 바라실까? 이제 이곳을 떠나 세상에 나가서 나와 다른 생활을 하는 사람들을 만나고, 그들과 함께 생활하다가 돌아와서 다시 금욕생활을 하겠어."

  그는 이 말을 골똘히 생각했고, 그것을 행동으로 옮겼다. 그가 독거처를 떠나 길을 걷고 있는데, 얼마 가지 않아서 그를 돕기 위해 하나님이 보내신 천사를 만났다. 천사가 나타나 말했다.

"압바, 어디로 갑니까?"

"세상으로 갑니다."

  그러자 천사가 말했다. "독거처로 돌아가세요. 그리고 사탄과 어떤 것도 하지 마세요. 당신이 속았습니다." 제정신이 돌아온 은

수사는 자기 독거처로 돌아왔으며, 사흘 뒤에 죽음을 맞이했다.[3]

V. (35)

한 위대한 독수도사가 말했다. "사탄아, 너는 왜 나와 이토록 싸

---

3) 사탄은 "속이는 아비"이다. 그의 수하 마귀들은 교묘히 생각을 속인다. 그런 다음 그것을 인간 스스로 행동으로 옮기게 한다. 문제는 마귀에게 속은 사람이 속은 것을 모른다는 것이다. 마귀는 일차적으로 재물이나 건강 등에 실제로 해를 가하면서 고통을 주거나 협박한다.

그러나 일차 공격이 먹혀들지 않을 때, 그 사람 앞에 엎드려 항복하는 체하면서 그의 훌륭함에 대해 칭찬의 말을 아끼지 않는다. 이것은 마귀에게 항복을 받고 칭찬을 들은 사람을 교만하게 만들기 위함이다. 이것이 마귀의 미끼이다.

마귀의 첫 번째 공격은 초신자들에게, 두 번째 공격은 영적으로 진보를 이룬 사람들에게 적용된다. 어떠한 시험이 오거나 거룩한 생각이 들더라도 영적 스승에게 고하라. 그리고 매사에 삼가 조심함이 마땅하다: "마귀의 간계를 능히 대적하기 위하여 하나님의 전신 갑주를 입으라"(엡 6:11).

우느냐?" 사탄이 대답했다. "그 싸움은 네가 하는 것이다."[4]

VI. (36)

어떤 독수도사가 보았다: 한 마귀가 다른 마귀에게 잠자고 있는 수도사를 깨우러 가자고 했다. 이 말을 들은 마귀가 말했다. "가지 않을 거야. 그 수도사를 깨우면 일어나는 즉시 시편으로 찬양하고 기도할 것이며, 그렇게 하면 나를 불태워 버릴 것이기 때문

---

4) 사탄은 사람과 직접 싸우지 않는다. 단지 사람이 좋아하는 것을 앞에 던져놓고 기다린다. 그러면 사람이 그 제안에 동의하고 선택하게 된다. 악한 생각에 물들고 악행이 습관이 되면 이제 마귀가 할 일은 없다. 인간 스스로 그의 부하가 되려고 줄을 서서 충성을 맹세한다. 수도사는 인간의 이러한 악한 성향을 바로잡기 위해서 부단히 싸우는 자이다. 4세기의 사막 교부들로부터 영적 스승들이 체득한 "인간 정신에 도전하는 여섯 단계 악한 생각들의 메커니즘"에 대해서 『사막 교부들의 금언』(엄성옥 역, 최대형 해설, 은성출판사), 사제 이시도어 #3을 참조하라.

이야."[5]

VII. (45)

한 노인이 그가 짠 바구니들을 팔러 갔다. 그때 마귀가 나타나서 바구니가 보이지 않게 만들었다. 노인은 기도하였다.

"하나님, 감사합니다. 주님은 제가 유혹에서 벗어나게 해 주셨습니다."

노인의 믿음을 견디지 못한 마귀가 소리쳤다.

"옛다! 여기 네 바구니다. 이 나쁜 늙은이야!"

---

[5] 수도사들은 잠을 작은 죽음으로 상징한다. 잠에서 깨어날 때 주님과 함께 부활한다고 생각하므로 수도사는 잠자리에서 일어나면서 "알렐루야!"를 외친다. 이는 주님과 함께 부활함을 찬양하는 것이다. 그리고 시편 낭송을 하면서 기도를 드린다. 이것은 첫 소산을 하나님께 바치는 것과 같이(민 18:12), 그날 수도사의 첫 생각을 하나님께 바치려는 태도이다.

노인은 바구니를 가져다가 팔았다.[6]

---

6) 4세기 사막 수도사들은 노동 중에 야자수 잎으로 끈을 꼰다거나 바구니를 짜는 손노동을 선호했다. 이 노동은 리듬이 있고 단순 반복적이므로 손으로는 일하고 입으로는 시편을 외우며 기도를 바친다. 이렇게 만든 제품을 시장에 나가 팔아서 소금과 밀가루 등 생필품으로 바꾼다. 수도사들의 장사 방법은 간단하다. 팔 물건 앞에 그냥 서 있을 뿐이다. 가격을 물으면 단 한 번만 대답할 뿐이다. 흥정이란 있을 수 없다. 그냥 말없이 서 있다가 주는 대로 값을 받는다. 물건을 살 때도 그렇다. "값을 물어보되 다시 그 값을 물어보지 말라"는 게 그들이 물건을 사는 방법이다. 수도사에게 이러한 물건 거래 과정에서 시험이 많이 올 수 있으므로, 시장에 나가는 수도사들은 매우 조심한다.

이 이야기의 수도사는 더 좋은 값을 받지 못할까 하는 염려보다, 이 과정에서 일어날 수 있는 탐욕이 더 두려웠을 것이다. 받을 금액이 그들의 수고와 기대에 못 미칠 때 돈에 집착하게 된다. 이 집착은 번민과 괴로움을 낳는데, 이것이 바로 정념이라는 마귀다.

이 이야기에서 재물에 집착하는 자신을 경계하고 있던 터에 바구니가 몽땅 사라졌다. 결과적으로 마귀가 그 수도사를 도와주는 격이 되었다. 수도사는 하나님께 감사기도를 드리지 않을 수 없었다.

VIII. (64)

한 수도사가 오랫동안 음란 마귀에 의해 공격을 받았다. 집회 때 유혹이 엄습해 오는 것을 느꼈다. 그는 형제들 앞에서 부끄러워하지 않고 옷을 벗고 사탄의 역사에서 벗어나기 위해 소리쳤다: "나를 위해서 기도해 주십시오. 나는 14년 동안 이 음란의 유혹을 받아왔습니다." 그의 겸손함으로 인해 음란 마귀의 공격은 끝났다.[7]

이재(理財)에 밝고 흥정에 달인들인 현대 기독교인들은 그들의 태도를 본받아야 한다. 작은 경제적인 이익이 상대방에게 후덕함을 느끼게 하는 것과 어떻게 비교할 수 있을까?

7) 음란은 벙어리 귀신이라고 한다. 음란은 매우 은밀한 죄이므로 본인이 고백하지 않으면 아무도 알지 못해서 붙인 이름일 것이다. 어둠 중에 역사하는 마귀는 밝음을 견디지 못한다. 따라서 이 벙어리 귀신은 만인 앞에 공개됨으로써 그 힘을 잃게 된다.

여기서 시낙시스(synaxis)를 집회라고 번역했다. 시낙시스라는 회당(synagogue)이라는 말에서 유래되었으며, 특별한 축일에 주변에 있는 모든 수도원의 수도사들이 한 곳에 모여서 드리는 연합예배

IX. (66)

켈즈에서 온 분별력이 뛰어난 어떤 장로 수사가 있었다. 집회를 마치기 위해 교회로 들어갈 때 한 무리의 마귀들이 어떤 수도사의 방 밖에 모여 있는 것을 보았다. 어떤 마귀는 음란한 이야기를 떠벌리고 있는 여인의 모습, 또 다른 마귀는 불량한 젊은이의 모습, 또 다른 마귀들은 각색의 옷을 입고 춤을 추고 있는 모습이었다. 노인은 그것을 보면서 한숨지으며 "저 형제는 모든 일에 태만

이다. 이런 자리에서 14년 동안 은밀하게 받아왔던 시험과 자신의 연약함을 고백하면서 형제들에게 기도를 간청하는 것은 대단한 겸손과 용기이다.

마귀가 싫어하는 것은 빛이다. 빛이 상징하는 바는 "공개"(open)이다. 공식적인 자리에서 죄를 고백하고 예수 그리스도를 주(主)로 인정하는 것이다. 이것을 마귀가 가장 싫어한다.

나의 영혼을 그들이 꾸민 파멸에서,
나의 목숨을 사자들에게서 건져 주소서.
나는 큰 집회에서 주님을 찬송하며,
많은 사람 앞에서 주님을 찬양하오리다(시 35:17-18 참조).

하였고, 그 때문에 사악한 정신들이 무질서한 모습으로 그의 방을 둘러싸고 있구나"라고 탄식했다.

집회를 마치고 돌아오는 길에 그 형제의 방으로 들어가서 말했다. "형제여, 나는 고통당하고 있다. 나는 그대를 신뢰하고 있다. 그러니 그대가 나를 위하여 기도해준다면 하나님께서 나를 그 고통에서 해방해 주실 것이다"라고 말했다. 그러자 형제는 부끄러워하면서 "아버지, 저는 당신을 위해서 기도할 수 있을 만큼 가치 있는 사람이 아닙니다"라고 말했다. 그는 "매일 밤 나를 위해서 기도드려 주겠다고 약속하지 않는 한 이곳에서 떠나지 않겠다"라면서 고집을 부렸다. 계속 기도해 달라고 요청하자, 그 형제는 노인의 명령에 순종했다. 노인은 그 형제가 매일 밤 기도하게 되길 바랐기 때문에 이렇게 한 것이다. 그래서 그 형제는 밤에 일어나서 노인을 위해 기도드렸다. 그 기도가 끝났을 때 그는 양심의 가책을 느껴서 "비참한 영혼아, 너는 노인을 위해서 기도하면서도 너 자신을 위해서는 기도하지 않는구나"라고 혼자 중얼거렸다. 그런 다음에 그는 자신을 위해서도 기도했다. 그는 일주일 동안 매일 밤 노인과 자신을 위하여 두 차례 기도했다.

주일 교회에 가던 노인은 마귀들이 우울한 얼굴로 그 형제의 방 밖에 서 있는 것을 보았다. 노인은 그 형제가 기도드렸기 때문에 마귀들이 슬퍼하고 있다는 것을 알고 있었다. 그는 기쁨이 가득 차서 그 형제에게 가서 "자비를 베풀어 매일 밤 나를 위해 또 다른 기도를 드려주시오"라고 말했다. 노인을 위한 두 차례의 기도를 드린 형제는 다시 양심의 가책을 받게 되었고 "오 불쌍한 사람아, 너 자신을 위해서도 또 다른 기도를 드리거라"라고 중얼거렸다. 그는 한 주간 동안에 매일 밤 네 차례 기도를 드렸다. 노인이 그 형제의 방에 다시 왔을 때, 그는 마귀들이 음울한 얼굴로 침묵하고 있는 것을 보고 하나님께 감사했으며 방으로 들어가 그 형제에게 또다시 자기를 위하여 다른 기도를 드려 달라고 부탁했다. 형제는 자기를 위해서도 또 한 차례의 기도를 드렸기 때문에, 밤마다 여섯 번 기도를 드렸다. 노인이 다시 그의 방으로 왔을 때, 마귀들은 그 형제가 구원받은 것 때문에 노인에게 화를 냈다. 노인은 하나님께 영광을 돌렸고, 그의 방으로 들어가서 게으르지 말고 쉬지 않고 기도를 계속하도록 권고하고는 그를 떠났다. 기도를 끊임없이 드리는 그의 인내와 흔들리지 아니함을 본 마귀들은 하나님의 은혜에 의해서 그를 떠나게 되었다.

X.(68)

누군가가 다음과 같은 이야기를 들려주었다: "스케테의 성직자들이 성찬을 베풀 때마다 한 마리의 독수리가 빵과 포도주 위에 내려왔다(마 24:28 참조). 그런데 사제들 외에는 아무도 그것을 보지 못했다. 어느 날 한 형제가 부제에게 귀찮은 질문을 해 오자 '지금은 그것을 대답할 시간이 없다'라고 대답했다. 그들이 영성체를 하러 갔을 때 예전처럼 독수리의 형상이 나타나지 않았다. 사제가 부제에게 '예전처럼 독수리가 나타나지 않으니 어떻게 된 것입니까? 내가 아니면 당신이 죄를 지었음에 틀림이 없습니다. 한 사람씩 제단 앞에서 물러나 잠시 옆으로 서 봅시다. 당신이 옆으로 서 있는 동안 독수리가 내려온다면 당신 때문이라는 것을 알 수 있을 것입니다'라고 말했다. 부제가 제단 옆으로 물러섰다. 그러자 독수리가 하늘에서 내려왔다. 성찬이 끝난 후 사제가 부제에 '당신이 무슨 잘못을 했는지 말해 주세요'라고 말했다. 부제가 말하기를 '어떤 형제가 제게 질문을 했는데, 지금은 시간이 없다고 말한 것 이외에는 잘못한 기억이 없습니다'라고 말했다. 사제가 말했다. '독수리가 내려오지 않은 것은 당신 때문입니다. 왜냐하면, 그 형제가 그것으로 인해 고통을 받았기 때문입니다.'"

8.
사막에서의 죽음

이집트인에게 사막은 죽은 자들의 거주지이며 악한 영과 마귀가 사는 곳이다. 구약에서 하나님의 백성을 훈련하는 장소이자 하나님의 구원 약속을 체험하는 곳으로 보았다. 다시 말해서 사막이란 죽음과 고통을 포용하는 동시에 새로운 삶에 대한 소망을 갖는 이중적인 의미를 가진 장소이다.

사막 수도사들은 죽음을 하나님의 부르심으로 생각했다. 여기에 나오는 이야기는 죽음의 관점을 말해주고 있다. 수도사들은 죽음을 객관적으로 수용하고, 믿음과 확신을 가진 사람들이 죽음을 환영하지만, 믿지 않은 자의 죽음은 심판이 기다리고 있음을 시사한다. 그리고 죽어가는 형제에게 베푸는 동료 수도사들의 애정어린 간호 등에 대한 이야기가 나온다. 임종하는 스승을 위해 제자들은 슬퍼하며, 노인은 젊은 제자의 죽음을 애도한다.

I. (7)

한 형제가 열쇠를 만들어서 한 노인의 독거처를 열고 빵을 넣어주었다. 그 노인은 반을 문밖에 내놓으면서 "누구인지 모르지만, 형제여, 자비를 베풀어 내게 필요한 분량의 반만 남겨 놓으세요"

라는 글을 남겼다. 다른 형제가 그 독거처에 들어가서 그 메모를 찢어버리고 빵을 모두 가져갔다. 두 해가 지나고 그 형제가 죽었다. 아직 떠나지 않은 그의 영혼이 노인에게 와서 말했다. "나를 위해서 기도해 주십시오. 제가 당신의 빵을 훔쳤습니다." 노인은 "왜 더 일찍 말하지 않았느냐?"라고 말하면서 기도하는 순간 형제의 영혼이 떠나갔다.

II. (8)

어떤 형제가 잘 알고 있는 노인에게 자기가 죽으면 얼마나 정성껏 돌볼 것인지 알아보려고 물었다. "제가 죽으면 다른 형제에게 하신 것처럼 정성껏 돌봐 주실 것인지요?" 노인은 당신이 "충분하다고 할 때까지 돌보아 주겠습니다"라고 대답했다. 오래지 않아 그 형제가 죽었다. 노인은 그와 한 약속을 실천했다. 그를 정중하게 돌본 노인은 모든 사람 앞에서 그 죽은 자에게 물었다. "형제여, 이제 충분한가, 아니면 내가 더 돌보아 주어야 할 일이 남아 있는가?" 죽은 사람이 대답했다. "사부님, 이제 충분합니다. 저와 한 약속을 이루셨습니다."

III. (23)

한 충실한 하인이 수도사가 되었고, 45년 동안 소금과 빵과 물만을 먹고 살았다. 오랜 시간이 지났을 때, 그의 주인도 양심의 가책을 받고 세상에서 물러나 순종하는 마음으로 그 자신의 하인의 제자가 되었다. 그가 죽게 되자 스승에게 "영적 아버지여, 제게로 오고 있는 힘을 보고 있습니다. 그리고 당신의 기도 때문에 그들은 다시 돌아갑니다"라고 말했다. 이번에는 노인이 죽게 되자, 그는 좌우편에 서 있는 천사들을 보았는데 천사들은 그에게 "영적 아버지여, 당신이 오기를 원합니까? 아니면 우리가 떠나갈까요?"라고 물었다. 노인이 그들에게 대답했다. "저는 당신들이 그대로 계시고 내 영혼을 취하시기를 원합니다." 그리하여 그는 죽었다.

IV. (30)

병든 한 노인이 있었다. 필요한 것을 취할 수 없었으므로 수도원장은 그를 도와주었고, 그에게 먹을 것들을 가져다주었다. 수도원장은 형제들에게 말했다. "조금씩 절제하도록 하라. 그러면 우리는 병든 한 사람을 부조할 수 있을 것이다." 그 병자는 금 그릇을 가지고 있었고 그것을 자기가 누워있는 침대 밑을 파서 그곳에 숨겨 두었다. 그는 그 사실을 고백하지 않은 채 죽음을 맞았다. 그를 매장한 후에 수도원장이 형제들에게 "여기 있는 침대를 치우라"고 했다. 침대를 그곳에서 끌어내자 금 그릇이 나왔다. 수도원장은 말했다. "그가 살아 있을 때 고백하지 않았고, 죽을 때에도 말하지 않았다. 그의 희망이 이 금 그릇에 있었다면 나는 이것을 만지지도 않겠다. 가지고 가라. 이것을 그와 함께 묻어라." 하늘에서 불이 내려와 여러 날 동안 그의 무덤 위에 임하고 있었다. 그것을 본 모든 사람은 매우 놀랐다.

V. (42)

어떤 사람이 그의 여자 종에 의해서 순교 당하게 되었다. 그가 죽기 전에 배반한 그 여자를 보았다. 그는 "나를 위해 고마운 일을 해주어서 고맙소"라면서 금반지를 빼서 그녀에게 주었다.

VI. (63)

몇몇 세속인들이 한 은수사를 방문했다. 그들을 본 그는 기쁘게 영접하면서 다음과 같이 말했다: "주님이 나를 장사지내게 하시려고 여러분을 이곳에 보내셨습니다. 나는 주님의 부르심이 가까웠기 때문입니다. 그러나 여러분과 다른 사람들의 유익을 위하여 나의 삶에 관해 이야기하겠습니다. 형제들이여, 나는 육체나 영혼에 있어서 동정을 지켰습니다. 지금까지 나는 심한 음란의 시험을 당해왔습니다. 내가 여러분에게 말하는 바는 나의 영혼을 취하려고 기다리고 있는 천사들, 그리고 나에게 정욕의 생각들을 넣으려고 옆에 서 있는 사탄을 보고 있습니다." 이 말을 마친 후 몸을 눕히고 죽음을 맞았다. 그를 매장하던 세속인들은 그가 여자임을 발견했다.

VII. (74)

하나님이 사랑하시는 매우 경건한 한 수도사가 사랑하는 어떤 은수사를 알고 있었다. 은수사가 죽은 후 그의 독거처에서 50개의 동전을 발견하고서 그 은수사가 그 돈 때문에 하나님께 받아들여지지 않을까 봐 걱정하면서 울기 시작했다. 오랜 시간을 그를 위해서 기도하자, 주의 천사가 "은수사에 관하여 왜 이리 슬퍼하느냐? 네 염려를 하나님의 자비하심에 맡겨라. 모든 것이 완전하다면 하나님의 인자하심을 어떻게 알 수 있겠느냐?"라는 음성을 들었다. 은수사가 하나님의 자비를 얻었음을 확신한 그는 기쁨으로 하나님께 영광을 돌렸다.

VIII. (88)

어떤 사람이 회개하고 금욕주의자가 되었다. 그 후 즉시 바위 위에 떨어졌다. 너무 많은 출혈로 죽게 되었다. 그의 영을 취하려고 기다리고 마귀들에게 천사들이 말했다. "이 바위에 주님을 위하여 흘린 그의 피를 보라." 천사들의 말을 들은 그의 영혼이 즉시 놓여났다.

9.
이름 있는 수도사들의 금언

여기에 잘 알려진 사람들의 이야기를 무명의 시리즈에 담겨있다는 것은, 이 집록이 얼마나 체계적이지 않다는 것을 입증하고 있다. 4세기(373년) 알렉산드리아의 주교 아타나시우스는 그리스도의 신성에 관한 니케아 신조의 수호자이며, 『안토니의 생애』를 집필함으로써 수도 생활을 강력하게 지지한 사람이었다.

나지안주스의 성 그레고리(신학자, 389년)는 카파도키아의 세 교부 중의 한 사람으로서 대(大) 바질의 친구였다. 그는 저술을 통해 그는 삼위일체의 교리를 발전시켰다.

압바 아르세니우스와 대(大) 마카리우스는 잘 알려진 이집트 사막의 압바이다. 알파벳 집록, 『사막 교부들의 금언』에 이들의 금언이 많이 실려있다. 알렉산드리아에서 순교한 주교 베드로(311년)는 4세기 크리스천의 삶에 위대한 모범이었다. 알렉산드리아의 대주교 키릴(444년)은 그리스도의 신성에 관한 뛰어난 논쟁자이며 신학자였다.여기 무명의 자료에 수록된 원문들은 사막 수도사들이 거룩한 교회와 교제에 미친 중요성을 보여 주고 있다.

I. (1)

알렉산드리아의 주교이며 거룩한 교부인 아타나시우스에게 누군가가 물었다.

"성자와 성부가 똑같은 존재임을 알방법은 무엇입니까?"

그가 대답했다.

"두 눈으로 사물을 보는 방법입니다."

II. (2)

신학자이며 거룩한 교부인 그레고리에게 누군가가 물었다.

"성자와 성령이 성부와 동등하다는 것을 알 방법은 무엇입니까?"

그가 대답했다.

"신의 본성은 함께 있는 세 개의 태양에서 나오는 하나의 빛과 같다."

III. (3)

같은 교부는 말했다.

"하나님은 세례받은 모든 자에게 세 가지 일을 요구하십니다. 바로 영혼의 바른 믿음, 혀의 진리, 육체의 절제입니다."

IV. (15)

그들은 누구도 압바이신 아르세니우스만큼 규율을 준수할 수 있는 사람은 없다고 말하곤 했다.

V. (16)

그들은 위대한 아버지 마카리우스에 대해서 말했다.
"한때 그는 넉 달 동안 매일 스케테에 있는 한 형제를 방문했는데, 그 형제가 한 번도 쉬고 있는 것을 보지 못했다. 한번은 그가 그곳에 갔을 때 그 형제의 방 밖에 서서 안에서 그가 울면서 '주님, 만일 주님의 귀에 제 기도가 들리지 않는다고 하더라도 저는 주께 기도드리는 일에 지친 것이 아니므로 제 죄로 인하여 제게 자비를 베풀어 주십시오'라고 기도하는 소리를 들었다."

VI. (69)

몇몇 교부들이 이런 이야기를 했다.
"알렉산드리아의 대주교이신 거룩한 베드로(막시민 다이아의 박해 시기인 312년경)가 거의 죽어가고 있을 때, 동정을 간직하고 있던 누군가가 한 환상을 보고 '베드로는 사도들의 첫 번째이며, 베드로는 순교자들의 완성이다'라고 하는 소리를 들었다."

VII. (70)

한 수도원장이 알렉산드리아의 교구장이시며 거룩하신 성 키릴에게 질문했다.

"형제들을 지도하고 있고 그들 나름의 방법으로 구원에 이르도록 가르치는 우리와 사막에서 자신의 구원을 얻으려는 사람 중에 누가 더 하나님의 계명을 잘 지키는 자입니까?"

그가 대답했다.

"엘리야와 모세 간에 우열이 있을 수 없다. 왜냐하면 그들은 모두 하나님을 기쁘시게 하는 자들이기 때문이다."[1]

---

1) 공주 수도원, 또는 반-독거 수도원의 지도자와, 독수도사를 비교하면서, "누가 더 하나님의 계명에 충실한 자인가?"라는 질문이다. 이는 마치 "그 때에 제자들이 예수께 나아와 이르되 천국에서는 누가 크니이까"(마 18:1)라는 질문과 같다. 이와 비슷한 이야기가 『사막 교부들의 금언』(은성출판사, "아르세니우스" #37, 37-38쪽)에 나온다.

제2부

무명의 금언들

10.
이름 없는 수도사들의 금언

I. (24)

한 노인이 말했다: "아리마대 요셉이 예수의 시신을 가져다가 그것을 깨끗한 천으로 싸서 새로운 인성을 의미하는 새 무덤에 넣고 장사지냈다. 그러므로 사람들은 그들과 함께 계시는 하나님을 멸시하거나 하나님을 자신의 영혼으로부터 내모는 죄를 짓지 않도록 조심해야 한다. 왜냐하면 광야에서 이스라엘 사람들에게 만나를 주신 하나님이 이제는 참된 이스라엘에게 그리스도의 몸을 주시기 때문이다."

II. (25)

한 노인이 "칼을 빼어라"(삿 9:54)라고 말했다.

이에 형제가 대답했다. "그러나 저 정욕은 나를 공격하지 않고 있습니다."

노인이 "환난 날에 나를 부르라. 내가 너를 건지리니 네가 나를 영화롭게 하리로다(시 50:15). 그러므로 하나님을 부르면 그는 너를 모든 시험에서 건지실 것이다"라고 말했다.

III. (40)

자비의 은사를 가진, 그리스도의 사랑을 받는 한 사람이 말하곤 했다. "자비 있는 사람은 그 자비를 받은 것과 똑같은 방법으로 자비를 베풀어야 한다. 왜냐하면, 그러한 자비는 하나님께 가까이 가는 길이기 때문이다."[1]

IV. (54)

어떤 사람이 웃고 있는 한 젊은 형제를 보고 그에게 말했다. "형제여, 웃지 말라. 왜냐하면 당신은 하나님께 대한 경외를 자네로

---

1) 사랑과 은혜는 먼저 받은 자라야 베풀 수 있다. "예수께서 베드로의 집에 들어가사 그의 장모가 열병으로 앓아 누운 것을 보시고 그의 손을 만지시니 열병이 떠나가고 여인이 일어나서 예수께 수종들더라"(마 8:14-15).

부터 몰아내고 있기 때문이다."[2]

V. (55)

한 노인이 말했다. "고깔 달린 수도사의 겉옷은 순결함의 표시이며, 어깨에 걸치는 옷은 십자가의 표시이며, 허리띠는 용기의 표시이다. 정성을 다해 이 모든 옷을 차려입은 우리의 옷차림에 부합할 수 있는 행동을 하도록 하자. 그래서 우리가 전혀 어울리지 않는 옷을 입고 있는 것처럼 보이지 않게 하자."[3]

---

[2] 베네딕트 수도 규칙 중 겸손의 12단계가 언급되어 있다: "겸손의 열째 단계는 쉽게 또 빨리 웃지 않는 것이니 (성경에) '어리석은 자가 큰 소리를 내어 웃는다'라고 기록되어 있기 때문이다."
"바보의 웃음은 떠들썩하지만 지혜로운 사람은 조용히 웃는다"(집회서 21:20).

[3] 요한 카시아누스의 『제도집』(The Institutes)에 수도사들의 옷과 장신구가 상징하는 바를 자세히 설명하고 있다.

VI. (56)

그들은 한 노인에 관해서 말했다. 그가 수실에서 살고 있었는데 밤에 한 형제가 그를 방문했을 때 안에서 "오, 이제 됐으니 제발 나가거라"고 말한 다음에 "내게 오라, 친구여"라는 소리가 들렸다. 그 형제가 안으로 들어가서 "아버지, 누구와 말하고 계셨습니까?"라고 물었다. 노인이 대답했다. "나는 악한 생각을 쫓아내고 선한 생각을 부르고 있었다."

VII. (57)

한 형제가 노인에게 말했다. "저는 마음에 싸움이 없습니다." 노인이 그에게 말했다. "너는 사방이 열린 집을 짓고 있다. 네 집에 들어가기를 원하는 사람마다 너를 통해 그곳에 들어갈 수 있음에도 너는 그것을 알지 못하고 있다. 네게 출입문이 하나만 있어서 네가 그 문을 닫으면 사악한 생각들이 네게 들어오지 못할 것이다. 그때 그것들이 네 집에 들어오지 못하고 밖에서 공격하는 것을 보게 될 것이다."[4]

VIII. (58)

한 노인이 말했다. "내가 방추(紡錘)를 내려놓는 순간, 그리고 그

---

[4] "시험을 당하지 않은 사람은 하늘나라에 들어갈 수 없다"(『사막 교부들의 금언』 성 안토니 #5). 마음에 싸움이 없다는 것은 두 가지 이유일 것이다. 하나는 완전히 마음이 청결하여 아무런 동요가 없는 경우이며, 또 하나는 마음이 이미 마귀와 동화되어서 더는 양심의 가책을 느끼지 못하는 경우이다.

그러나 대부분 가책을 느끼지 못하고 싸움이 없을 때는 영적 한센병을 앓고 있음을 직감해야 한다. 한센병의 두 가지 특징으로 자각증세가 없고, 모양(likeness)을 일그러뜨린다는 것이다.

악한 생각이 인간에게 들어가는 문은 5감과 제6식이다. 눈으로 보고, 귀로 듣고, 코로 냄새 맡고, 혀로 맛보고, 피부로 느끼는 문이 있다. 그러나 모든 것이 하나의 문, 즉 정신(의식)으로 집중되어서 들어오므로 졸지 않고 이 문을 지킨다면 악한 생각들이 들어올 수 없다. 정신 앞에 고감도의 양심이라는 레이더를 두고 지켜야 한다.

것을 다시 집기 전에 나는 죽음을 맞이하게 될 것이다."

IX. (65)

한 노인이 말했다. "모든 악의 뿌리는 망각이다."[5]

---

5) "나를 기념하라"(눅 22:19). 이것이 복음의 계명이다. 기독교의 성찬례는 길을 잃고 방황하는 사람들에게 바른길로 인도하는 등대와 같다: "그들과 함께 음식 잡수실 때에 떡을 가지사 축사하시고 떼어 그들에게 주시니 그들의 눈이 밝아져 그인 줄 알아 보더니 예수는 그들에게 보이지 아니하시는지라 …두 사람도 길에서 된 일과 예수께서 떡을 떼심으로 자기들에게 알려지신 것을 말하더라"(눅 24:30-35).

"어려움을 당할 때만 심판하시는 하나님을 기억하고 그분이 얼마나 공평한 분이신지를 기억하는 사람은 아직 '여호와를 경외함으로 섬기고 떨며 즐거워하는'(시 2:11) 법을 배우지 못한 사람이다. 영적으로 복되고 평화로운 상태에서도 경외함으로 하나님을 예배해야 합니다"(「필로칼리아」 제1권, 독수도사 에바그리우스, "기도에 관하여" #143).

X. (75)

한 노인이 말했다. "만일 네가 하나님의 법을 따라 살기를 바란다면 너는 율법을 주신 자가 또한 그것을 지킬 수 있도록 도와주시는 분이시다는 것을 알게 될 것이다."

XI. (76)

그가 또 말했다. "만일 네가 일부러 하나님의 계명에 불순종하기를 원한다면 악마가 너의 타락을 부추기고 있음을 알게 될 것이다."

XII. (78)

한 노인이 음란한 생각에 대해 말했다. "우리는 태만에서 오는 이 생각으로 고통을 받는다. 하나님이 우리 안에 겸하심을 확신한다면 낯선 생각이 들어오지 않게 할 것이다. 우리 주 그리스도는 우리 안에 계시고 우리의 삶을 지켜보신다. 그러므로 그분과 함께 살고 그분을 보는 우리는 순결하신 주님처럼 순결하도록 조심해야 한다."

XIII. (79)

그는 또 말했다. "바위 위에 올라서자. 그리고 강물이 우리를 덮쳐도 두려워하거나 뛰어내리지 말자. 그리고 평화롭게 찬양하면서 '여호와를 의지하는 자는 시온산이 흔들리지 아니하고 영원히 있음 같도다'(시125:1)라고 말하자."

XIV. (80)

그가 또 말했다: "원수가 주님께 말했다. '나는 당신의 종들에게로 내 종들을 보내서 그들을 타락시키도록 하겠다. 만일 내가 당신의 선택받은 자들에 대해 악하게 행동할 수 없다면 적어도 밤에는 그들을 미혹할 수 있다.' 주님께서 원수에게 대답하셨다. '만일 때가 차지 않아서 태어난 아이가 그의 아버지의 유산을 상속받을 수 있다면 그때 그것을 나의 선택된 자들의 죄로 간주할 수 있겠느냐?'"

XV. (81)

그가 또 말했다: "너 때문에 그리스도가 태어나셨다. 하나님의 아들은 너를 구원하러 오셨다. 그는 하나님이셨지만 아이가 되고

어른이 되셨다. 한번은 그가 회당에서 성경을 읽는 낭독자가 되어 '그가 내게 기름을 부으심으로 주의 영이 내게 임하셨다'(눅 4:18 참조)라고 읽으셨다. 그는 성전을 섬기는 자가 되어 노끈을 만들어 양과 짐승들과 그밖에 모든 것들을 성전에서 내쫓는 일을 하셨다(요 2:15). 한번은 사람들을 섬기는 자가 되어 수건을 허리에 두르고 제자들의 발을 씻어 주셨다(요 13:4,5,14). 한번은 장로(사제)가 되어 장로들 틈에 앉으셔서 사람들을 가르치셨다(눅 2:46 참조). 한번은 주교가 되셔서 빵을 떼시고 축사하신 후에 그의 제자들에게 나누어 주셨다(참조 마 26:26과 병행구들). 그는 너 때문에 조롱당하셨다. 그러나 그것 때문에 너는 진노를 당하지 않는다. 그는 장사되었고 우리를 위하여 이 모든 일을 예표와 계획대로 진행하신 하나님으로서 부활하셨고 우리를 구원하셨다. 그러므로 믿음 안에서 굳게 서자, 경성하자, 기도에 헌신하자, 우리 자신을 그를 기쁘시게 하는 존재가 되게 하자."

XVI. (86)

한 수도사가 어느 순교자의 축일에 일하고 있었다. 다른 한 수도사가 그를 보고 그에게 말했다. "오늘도 일해야 합니까?" 그가 말했다. "오늘은 하나님의 종이 증언하고 고문당한 날입니다. 나

역시 오늘 일을 함으로써 약간의 고통이라도 겪어야 하지 않겠습니까?"

XVII. (87)

한 노인이 말했다. "매시간 부제께서 '서로 평화의 입맞춤을 해라'고 말씀하셨습니다. 나는 평화를 축원하는 형제들의 입에 성령께서 임하신 것을 봅니다."

XVIII. (89)

한 노인이 "수도사가 되려면 무엇이 필요합니까?"라는 질문을 받았다. 그는 "홀로 계신 분과 함께 홀로 사는 것입니다"라고 대답했다.[6]

---

6) 독거(solitude) 수도사의 삶을 설명한다: "여호와께서 천하의 왕이 되시리니 그 날에는 여호와께서 홀로 한 분이실 것이요 그의 이름이 홀로 하나이실 것이라"(슥 14:9).

XIX. (90)

한 노인이 "사막 속으로 가는 것이 저에게는 왜 두려운 것입니까?"라는 질문을 받았다. 그는 "당신이 아직도 살아 있기 때문입니다"라고 대답했다.[7]

XX. (91)

한 노인이 "구원받기 위해서 무엇이 필요합니까?"라는 질문을 받았다. 그는 끈을 만들고 있었는데, 그것으로부터 고개를 들지도 않은 채 대답했다. "당신이 지금 보고 있습니다."

---

7) 사막은 인간 문명의 이기(利器)가 닿지 않는 곳이다. 그곳은 하나님과 인간 사이에 어떤 매개체도 존재할 수 없는 곳이다. 인간의 이름도 명예도 재물도 소용없는 곳, 인간이 하나님 앞에 내세울 수 있는 것이라고는 하나도 없다. 참 자아만이 오롯이 하나님 앞에 서는 곳이다. 그런 곳에 간다는 것은 거짓 자아가 묻히는 일이다. 그래서 사람은 사막에 간다는 것이 두려울 뿐이다.

XXI. (92)

한 노인이 "저는 왜 이렇게 늘 게으릅니까?"라는 질문을 받았다. 그는 "길을 따라 표시한 것을 보지 못하기 때문입니다"라고 대답했다.

XXII. (93)

한 노인이 "수도사의 일이란 무엇입니까?"라는 질문을 받고 "분별"이라고 대답했다.[8]

---

8) "너희는 이 세대를 본받지 말고 오직 마음을 새롭게 함으로 변화를 받아 하나님의 선하시고 기뻐하시고 온전하신 뜻이 무엇인지 분별하도록 하라"(롬 12:2).

"분별은 결코 작은 덕이 아니며, 성령의 가장 중요한 은사 중 하나이다. 성령의 은사에 관해서 사도 바울은 이렇게 말합니다: '어떤 사람에게는 성령으로 말미암아 지혜의 말씀을, 어떤 사람에게는 같은 성령을 따라 지식의 말씀을, 다른 사람에게는 같은 성령으로 믿음을, 어떤 사람에게는 한 성령으로 병 고치는 은사를…어떤 사람에게는 영들 분별함을…주시나니'(고전 12:8-10). 그는 성령의 은

XXIII. (94)

한 노인이 "음란의 유혹은 어디에서 나옵니까?"라고 하는 질문을 받고 대답했다. "지나치게 먹고 자는 것에서 나온다."[9]

사들을 열거한 후에 '이 모든 일은 같은 한 성령이 행하사'(고전 12:11)라고 덧붙여 말한다. 그러므로 분별의 은사가 세상적인 것이거나 하찮은 것이 아님을 알 수 있다. 그것은 하나님의 은혜로 주어지는 가장 큰 은사이다. 수도사는 부지런히 힘을 다하여 이 은사를 구해야 하며, 자기에게 들어오는 영들을 분별하여 바르게 평가하는 능력을 획득해야 한다. 그렇지 않으면 어둠 속을 방황하다가 더럽고 사악한 구덩이에 빠질 뿐만 아니라 길이 곧고 평탄할 때도 비틀거리게 될 것이다"(『필로칼리아』제1권, 요한 카시안, 분별에 관하여 참조).

9) "우리는 먼저 탐식 때문에 실족하지 않는 한 부정(不貞)의 마귀에게 굴복하지 않는다"(『필로칼리아』 제1권, 독수도사 에바그리우스, "정념, 그리고 생각을 분별하는 것에 관하여" #1 참조).

XXIV. (95)

한 노인은 "수도사가 반드시 해야 할 일은 무엇입니까?"라고 하는 질문을 받고 대답했다. "모든 선한 일을 실천하고 모든 악한 일을 피하는 것이다."

XXV. (96)

노인이 말했다. "수도사의 거울은 기도이다."[10]

XXVI. (97)

노인이 말했다. "남을 판단하는 것보다 악한 일은 없다."

---

[10] 수도사는 기도로써 말한다. 기도자의 기도 말을 보면 그의 하나님이 어떠한 분인지 알 수 있다.

XXVII. (98)

노인이 말했다. "수도사의 면류관은 겸손입니다."[11]

---

11) 8정념의 가장 정상에 있는 것이 교만이며, 이 교만의 치료제가 겸손이다. 그레고리 1세 교황은 모든 죄의 원흉, 즉 7죄종(7 deadly sins)을 나열하고 가르치면서 가장 으뜸으로 교만을 꼽았다.

4세기 수도사들의 금욕고행적 수덕생활의 목적은 무정념, 즉 마음의 청결(마 5:8 참조)을 얻는 데 있다. 수도사들은 세상의 명예와 권세와 재물을 얻는 데 목적이 있는 것이 아니라, 죄의 제1원인이 되며 정념의 꼭대기에 있는 교만을 물리치는 데 필요한 하나님의 은사 즉, 겸손의 덕을 얻는 데 있다.

겸손은 모든 은사의 시금석이다. 현대 기독교인 중 은사를 받은 사람들이 많지만, 그 은사를 분별하려면 그의 겸손을 보면 알 수 있다. 마귀에게서 온 은사는 교만이며, 하나님으로부터 온 은사는 겸손이다.

이냐시오 로욜라의 『영신수련』에 상상으로 두 개의 깃발을 묵상하는 과정이 있다. 하나는 사탄의 진영, 또 하나는 예수 그리스도의 진영의 깃발이다. 사탄은 그의 깃발 아래 모인 자들에게 교만과 허영을 부추기는 연설을, 그리스도의 진영에서는 겸손을 당부하는 모습을 상상하는 영신수련이다(『영신수련』 #136-147 참조).

XXVIII. (99)

노인이 말했다. "당신에게 떠오르는 모든 생각들에게 '너는 우리에게 속한 것이냐, 악마에게 속한 것이냐?'라고 물어보십시오. 그러면 그것은 실토할 것입니다."[12]

---

12) 기도 중에 떠오르는 생각들과 이미지에 대해서 동방 기독교 전통에서는 정념이나 악한 생각, 또는 분심거리로 여긴다. 깨끗한 마음(purity of heart), 흔들림 없는 마음의 상태(hesychia)에 이르기 위해서 예수기도를 실천한다.

한편 서방 기독교 전통에서는 생각들을 계시의 수단으로 여겨서 상상력을 이용한 묵상기도(imagination)를 실천한다. 대표적인 것이 예수회 창시자인 이냐시오 로욜라(Ignatius of Loyola)의 『영신수련』, 청교도의 리처드 맥스터(Richard Baxter)의 묵상기도(consideration)가 있다.

동방 및 서방 전통에 차이가 있음에도 불구하고, 공통점은 영적 지도자가 반드시 있다는 점이다. 영적 피지도자는 기도 중에 체험된 것을 지도자에게 아뢰고, 지도자는 그것을 분별하도록 돕는다. 기도 중 체험된 무엇이든지 영적 지도자 없이 자의로 해석하는 데 문제가 많다. "너는(기도 중의 생각들, 체험, 상징 등) 누구에게 속한 것인가?"라는 질문을 부단히 던져야 한다. 그러기

XXIX. (100)

노인이 말하곤 했다. "영은 우물입니다. 만일 당신이 파면 깨끗해질 것이요, 그 위에 둑을 쌓으면 사라질 것입니다."

XXX. (101)

한 노인이 말했다. "당신은 하나님께서 감옥으로부터 풀려나게 하시는 일도, 거기에 넣으시는 일도 의로우시다는 것을 믿습니다."

XXXI. (102)

한 노인이 말했다. "모든 일에 있어서 자신을 어렵게 하는 일이

위해서 오늘날 개신교회 전통에 영적 분별(discernment)을 돕는 사역이 필요하다: "사람이 각기 자기의 소견에 옳은 대로 행하였더라"(삿 21:25).

하나님께로 가는 길입니다."[13]

XXXII. (103)

한 노인이 말했다. "당신 마음에 지금 하려는 일이 하나님을 따르는 것인지 물어보기 전에는 어떤 일도 하지 마십시오."[14]

XXXIII. (104)

한 노인이 말했다. "수도사가 기도하려고 섰을 때, 만일 그가 혼

---

[13] 세상의 길과 달리 하나님을 향해 가는 길은 바로 자기 자신을 어렵게 만드는 길이다. 그 길은 생명으로 인도하기 때문이다: "생명으로 인도하는 문은 좁고 길이 협착하여 찾는 자가 적음이라"(마 7:14).

[14] "어떤 사람이 너희에게 말하기를 주절거리며 속살거리는 신접한 자와 마술사에게 물으라 하거든 백성이 자기 하나님께 구할 것이 아니냐 산 자를 위하여 죽은 자에게 구하겠느냐"(사 8:19).

자 기도드린다면 그는 전혀 기도를 드리고 있는 것이 아니다."[15]

XXXIV. (105)

한 노인이 말했다. "나는 한 가지 생각을 가지고 20년 동안 싸웠다. 이제 나는 모든 사람을 하나로 볼 수 있게 되었다."[16]

---

15) 삼위의 하나님을 모범으로 삼아서 거룩한 공동체의 한 인격체(personal)로서 기도를 드려야 한다. 수도사는 쌍방향의 인격적인 교제 관계이지 폐쇄회로와 같은 사적인(private) 존재가 아니다.

16) 모든 사람의 마음 안에 유일하시고 같으신 하나님이 계심을 알지 못하게 하는 세력과 20년 동안 싸웠다. 이제 이웃을 자신의 몸과 같이 사랑하라는 복음의 계명을 지킬 수 있다: "네 이웃을 네 자신같이 사랑하라"(마 22:39).

XXXV. (106)

한 노인이 말했다. "모든 덕보다 뛰어난 것이 분별력이다."[17]

XXXVI. (107)

한 노인이 "어떻게 하면 겸손해질 수 있습니까?"라고 하는 질문을 받고 "자신의 잘못에 대하여 두려워할 때 겸손해진다"라고 대답했다.

---

17) 영적 지식(gnosis)으로써 분별할 수 있다. 이성과 지성은 다르다.

    이성(($διάνοια$; reason)은 개념적으로 설명하는 인간의 논리적 능력으로서 계시나 영적 지식에 의해서, 또는 감각의 관찰에 의해서 제공된 자료들로부터 결론을 끌어내거나 개념들을 형성하는 기능을 소유한다. 이성의 지식은 영적 지식보다 열등하다.

    지성($νους$; Intellect)은 인간 안에 있는 최고의 기능이다. 인간은 정화된 지성을 통해 영적 지각이나 이해에 의해서 피조물의 내적 본질이나 원리를 안다. 지성은 "영혼 깊은 곳"에 거주하며, 마음의 가장 깊은 측면을 구성한다. 지성은 관상의 기관, "마음의 눈"이다. 분별력은 이성이 아니라 지성으로써 가능하다.

XXXVII. (108)

한 노인이 말했다. "지구가 절대 멸망하지 않는 것처럼 자신을 겸손하게 하는 자도 멸망하지 않는다."

XXXVIII. (109)

한 노인이 말했다. "내가 극복할 수 없는 것이 무엇이든지 나는 그것을 다시 행하지 않았다."

XXXIX. (110)

한 노인이 말했다. "수도사가 하나님 때문에 자기의 소유를 포기하고 고향을 떠나온 다음 징벌을 향해 나아간다면 부끄러운 일이다."[18]

---

18) 사막의 수도사 중에 수도 생활을 하는 동안 시험을 받은 수도사들의 이야기가 많다(팔라디우스의 「초대 사막 수도사들의 이야기」 (엄성옥 역, 은성출판사). 그들은 수도사가 되기 위하여 독신으로 고향과 재물을 버리고 사

XL. (111)

노인이 말했다. "만일 당신이 자기의 의지로 하늘까지 오르려는 젊은이를 본다면 그의 발을 잡고 땅으로 끌어 내리라. 그것이 그에게 유익하다."[19]

막으로 들어갔다가 시험을 이기지 못하여 멸망했거나 환속하였다.

신앙생활에서도 마찬가지이다. 인간은 연약하여 세례를 받은 다음에도 죄를 지으면서 산다. 시험에 빠져 죄를 범한 것도 억울한데, 회개할 기회를 잃어버려서 심판의 날에 영벌을 받게 된다면 그것보다 더 억울한 일이 어디 있겠는가! 마귀의 일차적 공격은 우리가 죄를 범하게 하는 것이고, 두 번째는 치명적인 공격인데 우리가 회개하지 못하게 하는 것이다: "그 사람은 차라리 태어나지 아니하였더라면 제게 좋을 뻔하였느니라"(마 26:24).

[19] 수도사들은 공로주의자들이 아니다. 은혜로 말미암아 구원을 얻고자 하는 자들이지만, 장성한 분량을 넓히는 일에서 하나님의 사역에 동참하는 자들이다. 공로주의적인 젊은 수도사를 보면 그의 발을 잡아다가 땅에 내팽개쳐라. 차라리 그것이 그에게 유익할 것이다.

XLI. (112)

한 노인이 말했다. "이 세대는 오늘이 아니라 내일을 염려한다."[20]

XLII. (113)

한 노인이 말했다. "우리가 하는 일은 죽은 나무를 태우는 것이

---

[20] 아직 오지 않은 일에 염려하는 것에서 정념이 시작된다. 아직 먹고 마실 것이 있지만, 곧 그것이 떨어져 죽을까 염려되어서 기도를 멈추고 먹을 것을 구하러 세상으로 나간다. 이것이 식탐(gluttony)의 시작이다. 늙어서 병들면 돌보아 줄 자식이 없을 것을 염려해서 초심을 버리고 세상에 나가 결혼한다. 이것이 음란(impurity)의 시작이다. 나이가 많아지거나 병들어서 손노동이 불가능하게 되면 생활이 곤란해질 것을 염려해서 재물을 모은다. 이것이 탐욕(avarice)의 시작이다. 이 모든 것은 믿음이 부족한 데서 온다: "그러므로 내일 일을 위하여 염려하지 말라 내일 일은 내일이 염려할 것이요 한 날의 괴로움은 그 날로 족하니라"(마 6:34).

다."21)

XLIII. (114)

한 노인이 말했다. "멸시받지 않기를 구하지 마시오."

XLIV. (115)

한 노인이 말했다. "겸손은 화내지 않고 누구도 화나게 하지 않는 것이다."22)

---

21) 줄기에 붙어있지 않은 가지는 곧 말라 버릴 것이다(요 15장 참조). 하나님의 현존에 머물지 않는 것(일)들, 즉 죽은 나뭇가지들을 태우는 일이 수도사들의 일이다.

22) 수도 공동체 생활은 수덕을 위한 공동생활이다. 이웃이나 동료에게 분(憤)을 품어서는 안 된다. 이는 복음의 계명을 실천하는 것이기 때문이다. 여기서 한 걸음 나아가서 이웃이나 동료를 화내게 하는 원인을 제공하지 않는 태도 또한 매우 중요하다. 이것이 겸손한 태도이다.

XLV. (116)

그가 또 말했다. "수실 안에 행복하게 앉아 있는 것은 선한 것으로 수도사를 가득 채우는 것이다."[23]

XLVI. (117)

한 노인이 말했다. "행한 일보다 이름이 더 큰 사람에게 화 있을 것이다."[24]

XLVII. (118)

한 노인이 말했다. "몰염치와 웃음은 갈대를 불사르는 불과 같다."

---

23) 수실(修室), 즉 기도실에 침묵 중에 잠기는 일은, 내면의 주인이신 지고(至高)하신 선(the Good) 안에 머물기 위한 것이다.

24) 자기가 한 일보다 더 큰 것이 있다면 그것은 분명 허영(vainglory)일 것이다.

XLVIII. (119)

한 노인이 말했다. "하나님으로 인해 자신에게 고행을 부여하는 사람은 고백자와 같다."[25]

XLIX. (120)

그가 또 말했다. "어떤 사람이 하나님을 위해서 어리석은 자가 된다면 하나님은 그 사람을 지혜롭게 만드실 것이다."

L. (121)

한 노인이 말했다. "매시간 눈앞에 죽음을 두는 사람은 절망을

---

25) 고백자(confessor)란 하나님을 주라고 공식적으로 부르는 자이며, 그 고백으로 인하여 목숨을 버린 자를 순교자(martyr)라고 한다. 주님을 따르는 데 고통이 수반되며, 그 고통을 기꺼이 감수하는 자를 고백자라고 부른다.

극복할 수 있다."[26]

니. (122)

한 노인이 말했다. "하나님은 우리 안에서 우리의 마음, 말, 행

---

26) 영성생활을 망치는 세 가지가 있다. 그것은 망각, 무지, 게으름이다. 망각은 창조주 하나님과 자신이 그의 피조 인간이라는 사실을 망각하는 것이다. 심판자 하나님, 인간으로서의 삶을 마감한 후에 심판을 받는다는 사실을 잊지 않는다면, 분명 그는 겸손할 것이며, 하나님을 의지할 것이다.

무지는 하나님의 독생자 아들이 우리를 위해서 당하신 고통과 인간 구원을 위한 그의 계획에 대해 무지한 것이다. 이 무지로 말미암아 인간은 영적인 어둠(無明) 중에 헤매면서 고통과 괴로움을 당할 것이다. 육신으로는 살아있다고 하나 염치없는 인간으로서 살아간다.

게으름은 인간이라면 누구나 망각과 무지를 경험하게 된다. 그런데도 부지런히, 쉬지 말고 예수 이름을 부르면서 그의 자비하심을 구하는 기도를 바쳐야 한다.

동들을 감찰하신다."[27)]

LII. (123)

같은 사람이 말했다. "우리는 하나님의 심판을 두려워하고, 죄를 미워하며, 덕을 사랑하고, 항상 하나님께 기도해야 한다."

LIII. (124)

한 노인이 말했다. "논쟁을 좋아하는 사람을 멀리하라."

---

27) 그러므로 하나님을 우습게 여겨서는 안 된다: "여호와께서 하늘에서 굽어보사 모든 인생을 살피심이여 곧 그가 거하시는 곳에서 세상의 모든 거민들을 굽어살피시는도다"(시 33:13-14). 에스겔 선지자는 환상 중에 눈이 가득한 수레바퀴를 보았다: "그 둘레는 높고 무서우며 그 네 둘레로 돌아가면서 눈이 가득하며"(겔 1:17-18). 하나님의 눈은 우주에 가득 차 있다. 하나님의 시선에서 우리 인간은 벗어날 수 없다.

LIV. (125)

한 노인이 말했다. "윗사람과 친하지 말며, 여인과 교제하지 말며, 소년에게 친절하지 말라."

LV. (126)

한 노인이 말했다. "우리의 육체를 불태우는 곳으로 가기 전에 형제여, 울자! 눈물을 흘리자."

LVI. (127)

한 노인이 말했다. "근심에서 자유하라. 침묵하라. 그리고 내면의 명상을 통해서 순결함에 이르라."

LVII. (128)

그들은 한 노인에 관해서 말했다. "그는 형제들과 함께 살았으며, 그들에게 한 가지씩 과제를 주었다. 만일 그들이 그 일을 하지 않는다고 해도 화내지 않고 그 일을 스스로 했다."

LVIII. (129)

한 형제가 "이웃에 대한 규칙을 갖는 것이 좋겠습니까?"라고 어느 노인에게 물었다. 노인이 그에게 말했다. "그런 규칙은 말의 재갈을 끊는 힘이 없습니다. 당신은 자신의 규칙은 가지고 있습니까? 규칙을 갖고자 한다면 정념에 대한 규칙을 가지십시오."[28]

---

28) "우리가 말들의 입에 재갈 물리는 것은 우리에게 순종하게 하려고 그 온몸을 제어하는 것이라"(약 3:3). 여기서 말의 재갈은 마귀가 우리에게 물린 재갈을 의미한다. 그들은 우리에게 재갈을 물림으로써 자기 마음대로 조종하려고 한다. 복음의 계명대로 이웃을 자기 몸처럼 사랑하지 못하게 한다. 어떤 규칙을 세워서 복음의 계명을 지키려고 하더라도, 그 규칙은 마귀의 재갈을 끊을 정도로 강하지 못하다. 차라리 정념이 일어나는 규칙을 알고, 그에게 상응하는 덕을 세우는 것이 더 효과적이라고 교훈한다.

정념이 일어나는 규칙과 이에 상응하는 수덕생활에 대해서 『필로칼리아』(엄성옥 번역, 은성출판사) 제1권 중 독수도사 에바그리우스와 요한 카시안의 글을 참조하라.

LIX. (130)

한 형제가 도시로 급히 가면서 한 노인에게 기도해 달라고 청했다. 노인이 그에게 대답했다. "도시로 급히 가지 말고, 도시로부터 급히 도망치시오. 그러면 구원을 얻을 것입니다."

LX. (131)

한 노인이 말했다. "세상에서 도망하는 사람은 건포도 한 뭉치와 같다. 그리고 그들과 함께 살아가는 사람은 익지 않은 포도송이와 같다."

LXI. (132)

한 노인이 말했다. "당신이 누군가에 대해 생각하고 있는 나를 본다면, 당신 또한 그 생각들을 가지고 있다."

제3부

은수사에 관하여

11.
은수사들에 관한 이야기

I. (132 A)

은수사들 중의 한 사람이 70여 그루의 종려나무가 있고 모세가 이집트에서 온 그의 백성과 함께 멈췄던 곳인 시내 광야의 라이투(Rhaitou)에서 사는 형제들에게 다음과 같은 이야기를 들려주었다.

"나는 나보다 먼저 그곳에 살면서 우리 주 그리스도를 섬기고 있는 누군가를 만나게 되리라는 것을 기대하면서 깊은 사막으로 들어가 봐야겠다고 생각했다. 나흘 동안 주야를 여행한 끝에 나는 한 동굴을 발견했다. 그곳으로 가까이 가서 안을 들여다보니 한 사람이 앉아 있었다. 그래서 나는 수도사들의 예법에 따라 그가 나와서 나를 영접해 주도록 문을 두드렸다. 그런데 그는 움직이지 않았다. 그가 죽어 있음을 알지 못하고 굴속으로 들어가서 그의 어깨를 건드렸더니 먼지로 변하고 말았다. 내가 그의 겉옷을 건드리자마자 사그라지고 말았다. 나는 매우 당황해서 그곳을 떠났다. 그때 나는 또 다른 동굴을 발견했으며, 사람의 발자국을 보았다. 나는 다시 희망을 품고 동굴 가까이 다가갔다. 문을 두드렸는데 안에서 아무 대답이 없었다. 내가 들어갔을 때 아무도 발견할 수 없었다. 그래서 나는 동굴 밖에 서서 '하나님의 종이 어디로 갔든지 반드시 돌아오겠지'라고 생각했다. 저녁 무렵에 나는 다가오고 있는 몇 마리의 영양들과 벌거벗은 하나님의 종을 보았다. 그의 몸의 보기 흉한 부분들은 머리칼로 덮여 있어서 보이지 않았다. 내게 가까이 왔을 때, 그는 내가 환영이라고 생각했는지 멈추어 서서 기도를 드렸다. 후에 그가 말해 준 바에 따르면 그때 그는 영들에 의해서 많은 고통을 받은 상태였다고 한다. 나는 그에게 '하나님의 종이시여, 나는 사람입니다. 내 발자국을 보십시오. 그리고 나를 만져 보시고 내가 몸과 피를 가지고 있는 사람이라는 것을 아십시오'라고 말했다. '아멘'이라고 말한 후에 그는 나를 바라보았고, 그리고 사람임을 확신했다. 그는 나를 동굴 속으로 인도하였다. 그는 '당신은 이곳에 무엇을 하러 왔습니까?' 하고 물었다. 나는 '하나님의 종을 만나기 위해서 이 사막 속으로 들어왔으며, 나의 소망에 대해서 실망하지 않았습니다'라고 대답했다. 다시 그에게 '당신은 이곳에 어떻게 오시게 되었습니까? 나이는 얼마나 되셨습니까? 또 어떻게 살아가고 계십니까? 그리고 왜 옷을 입지 않고 발가벗고 계십니까?'라고 물었다. 그러자 그가 이렇게 대답했다: '나는 이집트의 남부에 있는 테베의 수도원에서 살고 있었습니다. 나는 아마포를 짜는 기술자였는데 어느 날 한 생각이 내 속에 들어와서 원하는 곳에 가서 정착하면 평화를 발견할 수 있고 나그네들을 받아들여서 많은 수입을 벌어들일 것이라는 생각이 들었습니다. 나는 곰곰이 생각해보고 그것을 행동으로 옮겨 하나의 방을 짓고 주문을 받아 일하기 시작했습니다. 나는 많은 돈을 벌기 시작했고 그것을 가난한 자들과 나그네들에게 나누어 주도록 했습니다. 그러나 나의 대적인 마귀는 언제나처럼 내가 하나님의 일을 추구하기 때문에 분개하였고, 복수하려는 생각으로 내 안에 들어왔습니다. 그는 성결한 처녀가 내게 몇 가지 일을 주문하는 것을 보았습니다. 나는 그녀에게 만들어서 그것을 주었습니다. 그러자 나의 대적은 그녀에게 내게 몇 가지 다른 일들을 더 주문하도록 부추겼습니다. 우리 사이에 친숙함이 깊어지자 솔직함도 증가되었습니다. 마침내 손을 잡게 되고 함께 웃고 음식을 나누었습니다. 그러는 동안 우리는 죄를 범하게 되고 말았습니다. 여섯 달 동안 그녀와 함께 죄를 짓고 살면서, "나는 오늘이나 내일 죽는다면 영원한 심판을 당하게 될 것이다. 어떤 사람이 누구의 아내를 꾀어낸다면 그는 형벌을 받고 보복을 당하게 된다. 그러니 그리스도의 여종을 꾀어낸 자는 얼마나 더 많은 벌을 받게 될 것인가"라고 생각했습니다. 그래서 나는 모든 것을 그녀에게 물려주고, 이곳으로 도망쳐 왔습니다. 여기에 와서 나는 이 동굴과 이 시내와 일년에 열두 가지에 열매가 열리는 종려나무를 발견했습니다. 내가 한 달 동안 살아갈 수 있을 만큼 한 가지에 열매가 열렸으며, 그것을 먹고 난 후에는 두 번째 가지에 열매가 열렸습니다. 오랜 시간이 지나자 내 머리카락은 자랐고 옷은 해어졌으며, 대신 머리칼이 내 몸을 가리게 되었습니다.'"

내가 그에게 처음에는 이곳에서 지내는 일이 고통스럽지 않았냐고 물었더니 그는 '처음에 나는 매우 고통스러웠습니다. 간의 병으로 인하여 땅에 쓰러져 앓기도 했습니다. 일어서거나 성무 일과 기도를 바칠 수 없었습니다. 그곳에 누워서 나는 지고하신 분에게 외쳤습니다. 나는 이 동굴 속에서 내게 미래가 없다는 생각 때문에 매우 약해진 마음과 고통 속에서 누워 있었습니다. 그때 나는 한 사람이 들어와서 내 가까이 서는 것을 보았습니다. 그가 내게 말했습니다. "어떤 잘못된 문제가 있습니까?" 나는 힘없이 대답했습니다. "간이 고통스럽습니다." 그리고 그에게 그곳을 보여 주었습니다. 그는 손가락들을 칼처럼 모은 다음 배를 갈라서 간을 꺼냈습니다. 그리고 내게 상처들을 보여 주었고 그의 손으로 어루만지면서 썩은 것들을 꺼내 쓰레기더미 속으로 집어 던졌습니다. 그리고 그곳에 간을 다시 집어넣은 다음에 손으로 봉하였습니다. 그리고 내게 말했습니다. "보라. 이제 너는 건강하게 되었다. 주 그리스도께 마땅히 돌려드려야 할 봉사를 하라." 그리고

나는 지금까지 이곳에서 살고 있습니다.'

　나는 그에게 그 첫 번째 동굴에서 살도록 허락해 줄 것을 간청했다. 그러나 그는 '당신은 마귀들의 공격을 견디어 낼 수 없을 것입니다'라고 말했다. 그 말을 납득한 나는 그가 옳다고 생각했다. 그래서 그곳을 떠나기 전에 그의 기도를 부탁했다. 그리고 그는 기도했고, 나는 그곳을 떠났다. 나는 당신들에게 도움이 되게 하기 위해서 이 말을 해준 것이다."

II. (132 B)

　옥시린쿠스의 주교가 될 수 있을 정도로 훌륭한 한 노인이 누군가에 관한 이야기를 해주었는데, 그것은 실은 그의 경험담이었다.

　나는 마치시즈족(407–08년에 스케테를 약탈한 야만족 중의 하나)의 영역 안에 있는 오아시스 가까이 있는 사막 오지로 가기로 했는데, 그곳에서 하나님을 섬기는 가난한 사람이 있는지를 알아보기 위해서였다. 나는 나흘 동안의 여행에 넉넉한 정도의 과자와 물을 준비했다.

　나흘이 지나자 음식이 동이 났다. 그래서 나는 "이제 어떻게 하면 좋지?"라고 혼자서 중얼거리면서도 다시 용기를 갖고 한 나흘 동안은 음식을 먹지 않고도 참을 수 있으리라 생각하고 다시 여행을 계속하기로 했다. 그러나 나의 육체는 더는 갈증과 배고픔을 견디지 못했으므로 여행을 계속할 수 없었다. 나는 정신을 잃고 그 자리에 쓰러져 버렸다. 그런데 누군가가 와서는 마치 의사가 가볍게 청진기를 눈 위에 갖다 대는 것같이 그의 손가락으로 나의 입술을 만지는 것을 느꼈다. 나는 즉시 제정신을 차렸다. 나는 여행한 것 같지도, 또 목마르지도 않은 것 같았다. 다시 힘이 나자 나는 자리에서 일어나서 사막 속으로의 여행을 계속했다. 나는 또다시 나흘을 여행했으며, 탈진 상태가 되자 손을 하늘을 향해 올렸다. 전에 내게 나타났던 그 남자가 나타나서 나를 회복시켜 주었기 때문에, 나는 17일 동안 여행을 계속할 수 있었다.

마침내 나는 수도사의 오두막과 야자나무와 물과 그곳에 서 있는 한 남자를 발견했다. 완전히 하얗게 변한 그의 머리칼이 옷처럼 그의 몸을 가리고 있었다. 그가 나를 보았을 때 그는 두려워하면서 서서 기도드렸다. "아멘" 하고 기도를 끝낸 그는 내가 사람이라는 것을 깨닫고 나의 손을 만졌다. 그다음에 그는 "어떻게 이곳까지 왔느냐? 그곳 세상은 아직도 모든 것이 그대로냐? 아직도 박해가 계속되고 있느냐?"고 물었다. 나는 "진심으로 주 그리스도를 섬기고 있는 당신 덕분에 사막에 왔습니다. 그리스도의 은총으로 박해는 끝이 났습니다. 당신이 이곳에 어떻게 오게 되었는지를 말해 주십시오"라고 말했다.

비통하게 흐느끼면서 그는 다음과 같이 말하기 시작했다. "나는 주교였다. 박해가 닥치자 엄청난 징벌들이 내게 임했다. 마침내 나는 더는 고문을 견딜 수 없어서 황제의 초상에 희생 제사를 지냈다. 후에 정신을 차린 나는 죄를 고백하고 일어나 사막으로 와서 죽을 때까지 살아가기로 했다. 그래서 나는 죄를 고백하고, 그 죄를 용서해 주시기를 간절히 구하면서 이곳에서 49년 동안 살았는데, 주님께서는 내가 이 야자나무 아래서 살아가게 하셨다. 49년이 지난 올해가 되어서야 나는 용서에 대한 확신을 받게 되었다." 이 말을 마친 후에 그는 갑자기 자리에서 일어나서 밖으로 뛰어나갔으며, 여러 시간 동안 기도드렸다. 기도를 끝낸 그는 내게로 돌아왔다. 그의 얼굴을 보았을 때, 나는 당황하고 두려움을 느꼈다. 왜냐하면 그의 얼굴이 불과 같았기 때문이다. 그는 "두려워하지 마시오. 왜냐하면, 주님께서 나의 육체를 장사지내게 하시려고 당신을 이곳에 보내신 것이기 때문입니다"라고 말했다. 이 말을 끝낸 그는 팔과 발을 죽 뻗고 잠든 듯이 죽음을 맞이했다.

   나는 겉옷을 둘로 나누어 반쪽은 나를 위하여 놔두고 반쪽은 거룩한 그 사람의 몸을 덮어 주었다. 다음에 나는 그를 땅에 묻어주었다. 그를 묻고 나자 야자나무가 시들어 버리고 그의 오두막이 무너져 버렸다.

   나는 "저를 이 야자나무 밑에 머물게 해주십시오. 나는 이곳에서 남은 생애를 살겠습니다"라고 열렬히 기도드렸지만 그렇게 되지 않았다. 그것은 내 요청이었지 하나님의 뜻은 아니었다.

    기도하고 나서 나는 사람들이 사는 지역을 향해 떠났다. 여행하는 동안 내 입술을 만지고 내게 건강을 회복하게 해준 그 사람이 나타났으며, 나는 수도원의 형제들에게로 돌아왔다. 나는 그들이 실망하지 않고, 인내 속에서 하나님을 발견하도록 촉구하기 위해서 이것을 이야기한 것이다.

III. (132 C)

    스케테의 사막을 여행하고 있던 위대한 노인 중의 두 사람은 땅에서 나는 중얼거리는 소리를 들었다. 동굴로 들어가는 입구를 찾던 그들이 그것을 발견하고 그곳으로 들어갔을 때, 한 늙은 성녀가 그곳에 누워 있는 것을 발견했다. 그들은 그녀에게 "당신은 왜 이곳에 있으며, 홀로 있습니까? 당신을 돌보는 사람이 없습니까?"라고 물었는데, 왜냐하면 그곳에는 아파서 누워 있는 그녀 외에 아무도 없었기 때문이다. 그녀는 "나는 이 동굴에서 풀로 연명하면서 하나님을 섬기며 37년 동안을 살았습니다. 나는 오늘까지 사람을 전혀 구경하지 못했습니다. 하나님께서 나를 장사지내도록 당신들을 이곳으로 보내신 것 같습니다." 이 말을 한 후에 그녀는 죽었다. 그 노인들은 하나님께 영광을 돌렸으며, 그녀를 땅에 묻고 그곳을 떠났다.

IV. (132 D)

그들은 겉옷 외에는 아무것도 가지지 않고 사막으로 들어간 어떤 은수사에 대해서 말했다: "사흘을 걸어간 후에 그는 바위에 올라가서 아래의 풀들을 바라보았는데 어떤 한 남자가 동물처럼 풀을 뜯어 먹는 것을 보았다. 그는 몰래 내려와서 그를 붙잡았다. 그 노인은 벌거벗고 있었으며 사람들의 냄새를 참지 못했기 때문에 메스꺼워했다. 붙잡았던 그를 풀어주자, 그는 도망갔다. 그 은수사는 '나는 하나님 때문에 당신을 만나려고 하오니 나를 기다려 주시오'라고 말하면서 그를 쫓아갔다. 도망가던 그 사람은 뒤를 돌아보면서 '나는 하나님 때문에 당신에게서 도망하는 것이오'라고 말했다. 그 형제는 그의 옷을 벗어 던졌다. 그리고 그를 따라갔다. 그가 옷을 던진 것을 본 그 노인은 그를 기다렸다. 그리고 그가 가까이 오자 그는 '당신은 세상의 것들을 당신에게서 던져 버렸소. 그래서 내가 당신 곁에 설 것이오'라고 말했다. 은수사는 '아버지, 내가 구원받을 수 있는 말씀을 하나 해주십시오'라고 말했다. 그러자 그는 '사람들에게서 도망쳐라. 그리고 침묵하라. 그러면 당신은 구원받을 것이다'라고 말했다."

V. (132 E)

　은수사로서 사막에서 살아가고 있는 어떤 노인이 덕을 완전하게 실천했다고 생각했다. 그는 "영혼의 완전함을 보여 주십시오. 그러면 제가 그대로 실천하겠습니다"라고 기도했다. 하나님은 그가 겸손하기를 원하셨다. 그래서 그에게 "수도원장을 찾아가서 그가 네게 시키는 그대로 하라"고 말씀하셨다. 하나님은 그가 수도원장을 찾아가기 전에 먼저 수도원장에게 나타나셔서 "한 은수사가 찾아올 터이니 너는 그에게 채찍을 주고 네 돼지들을 돌보게 하라"고 말씀하셨다. 이윽고 그 은수사가 찾아와서 문을 두드렸다. 그리고 그는 수도원장의 방으로 안내되었다. 그들이 인사한 후에 자리에 앉자 은수사는 "제가 구원받을 수 있는 방도를 말씀해 주십시오"라고 말했다. 수도원장이 "내가 지시한 대로 하겠소?"라고 묻자 그는 물론이라고 대답했다. 그래서 수도원장은 "채찍을 하나 가지고 가서 돼지를 치시오"라고 명령했다. 그 은수사를 알고 있거나 혹은 그에 관해서 듣고 있었던 사람들이 그가 돼지를 치고 있는 것을 보자, "우리가 보고 있는 저 사람이 우리가 알고 있는 그 위대한 은수사란 말인가? 그는 아마도 제정신을 잃었고, 마귀에 들렸기 때문에 돼지를 치는 신세가 되었나 보다"라고 수군대었다.

사람들의 비웃음에도 불구하고 겸손히 고난을 견디는 그를 보신 하나님께서는 그에게 집으로 돌아가도 좋다고 하는 허락을 내리셨다.

참고문헌

Peter Brown, *The World of Late Antiquity*, London, 1971.

Henry Chadwick, *The Early Church, Harmondsworth*, Middlesex 1967.

Derwas Chitty, *The Desert a City*, Oxford 1966; rpt. Crestwood, New Jersey, 1978.

H.G.Evelyn White, *The Monasteries of the Wadi'n Natrun*, II, New York, 1932.

E.R.Hardy, *Christian Egypt*, New York, 1952.

E. Wallis Budge, *The Wit and Wisdom of the Desert Fathers*(Syriac Systematic Collection), London, 1934.

Owen Chadwick, *Western Asceticism*(portions of Latin Systematic Collection), Philadelphia, 1958.

Benedicta Ward SLG, *The Sayings of the Desert Fathers*(Greek Alphabetical Collection), London, 1983; *The Wisdom of the Desert Fathers*(Greek Systematic Collection), SLG Press, Oxford, 1986. 한글 번역서로 『사막 교부들의 금언』, 『사막 교부들의 지혜』(엄성옥 역, 은성출판사)가 있다.

Ammonas, *The Letters of Ammonas, Successor of St. Antony*, tr. Derwas Chitty and Sebastian Brock, SLG Press, Oxford, 1979.

Antony, *The Letters of Saint Antony the Great*, tr. Derwas Chitty, SLG Press, Oxford, 1975.

Athanasius, *Life of Antony*, Classics of Western Spirituality, New York, 1980. 한글 번역서로 『성 안토니의 생애』(엄성옥 역, 은성출판사)가 있다.

Basil the Great, *Longer and Shorter Rules*, tr. W. K. Lowther Clarke, *The Ascetic Works of St. Basil*, London, 1925 and M. Monica Wagner, *The Fathers of the Church, Saint Basil, Ascetical Works*, Washington, 1962.

John Cassian, *Institutes and Conferences*. 한글 번역서로 요한 카시아누스의 『담화집』, 『제도집』(엄성옥 역, 은성출판사)가 있다.

Dorotheus of Gaza, *Discourses and Sayings*, Cistercian Studies Series 33, Kalamazoo, 1977.

Evagrius Ponticus, *Praktikos and Chapters on Prayer*, tr. John Eudes Bamberger, Cistercian Studies Series 4, Spencer, 1972.

History of the Monks of Egypt, tr. Norman Russell, *The Lives of the Desert Fathers*, London, 1981. 한글 번역서로 『사막 수도사들의 삶』(엄성옥 역, 은성출판사)이 있다.

John Climacus, *The Ladder of Divine Ascent*. 한글 번역서로 요한 클리마쿠스의 『거룩한 등정의 사다리』(엄성옥 역, 은성출판사)가 있다.

Russell, *Classics of Western Spirituality*, New York, 1982.

Pachomius, Coptic and Greek Lives and other materials in the Pachomian corpus, Cistercian Studies Series 45-47, Kalamazoo, 1980-82. 한글 번역서로 『파코미우스의 생애』(엄성옥 역, 은성출판사)가 있다.

Palladius, *Lausiac History*, Ancient Christian Writers 34, Washington, 1965. 한글 번역서로 『초대 사막 수도사들의 이야기』(엄성옥 역, 은성출판사)가 있다.

Richard Adam, "Introducing the Apophthegmata," *Hallel* 5 (1977/78) 243-50.

Wilhelm Bousset, *Apophthegmata*, Tübingen, 1923.

Jean-Claude Guy, *Recherches sur la tradition grecque des Apophthegmata Patrum*, Subsidia Hagiorgaphica 36, Brussels, 1962.

Lucien Regnault, "La prière continuelle 'monologistor' dans la littérature apophtegmatique," *Irékikon* 47(1974) 467-93.

Columba Stewart, "The Portrayal of Women in the Sayings and Stories of the Desert," *Vox Benedictina* 2(1985) 5-23.

Benedicta Ward SLG, "Apophthegmata Matrum," *Studia Patristica* 16:2, Berlin, 1985, pp. 63-66.